PROJETS

DE

COLONISATION

POUR LES PROVINCES

D'ORAN ET DE CONSTANTINE

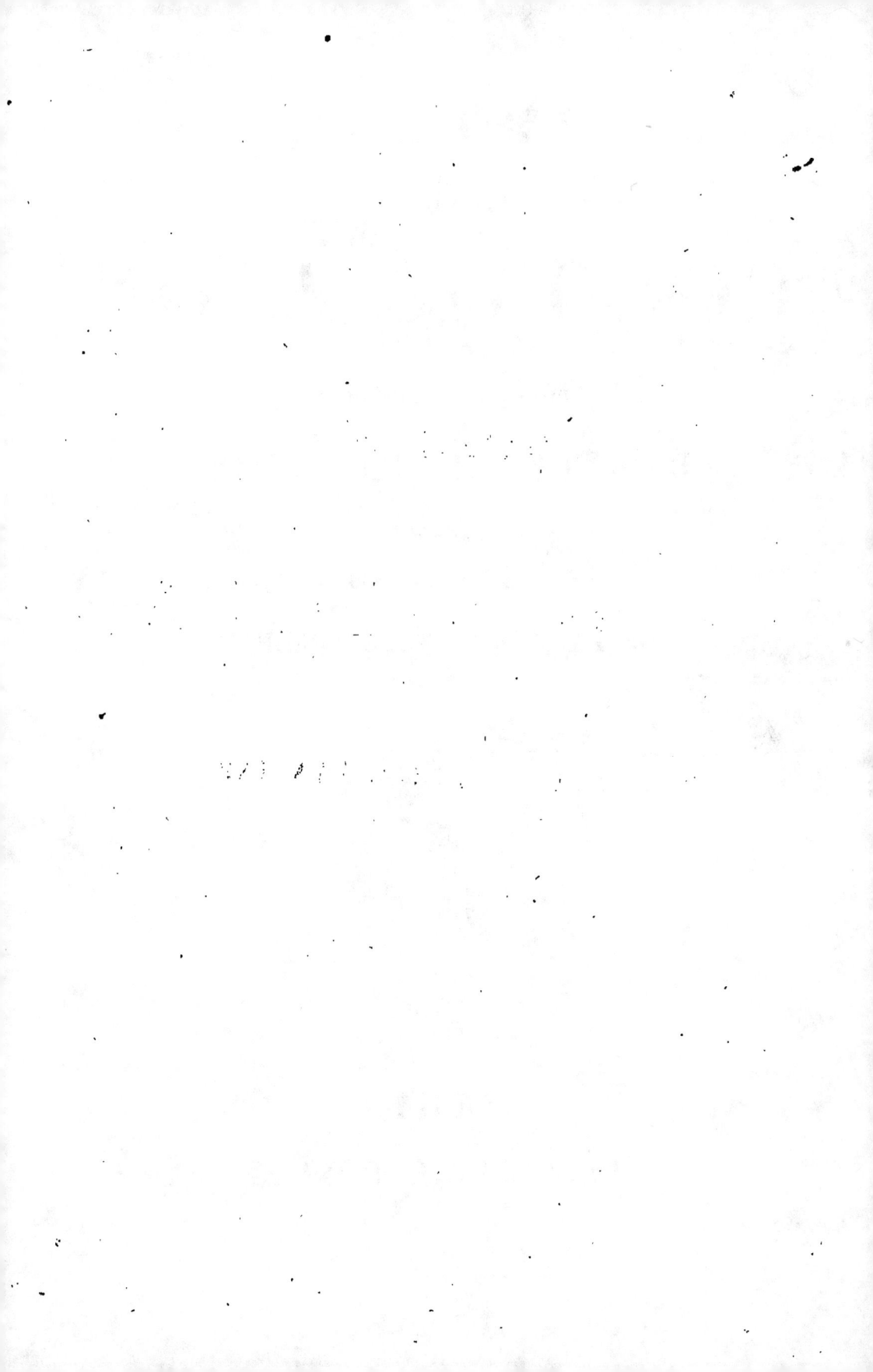

PROJETS

DE

COLONISATION

POUR LES PROVINCES

D'ORAN ET DE CONSTANTINE

PRÉSENTÉS

PAR MM. LES LIEUTENANTS GÉNÉRAUX

DE LA MORICIÈRE ET BEDEAU

PARIS

IMPRIMERIE ROYALE

M LCCC XLVII

1848

AVANT-PROPOS.

MM. les lieutenants généraux de La Moricière et Bedeau, commandants supérieurs des provinces d'Oran et de Constantine, ont présenté dernièrement deux projets sur le mode de colonisation qui leur a paru le mieux approprié à la position particulière de chacune de ces provinces.

En adoptant, à titre d'essai, les bases principales des projets dont il s'agit, le Gouvernement a pensé que l'un et l'autre devaient subir divers changements dans l'application. Néanmoins il lui a paru utile de les mettre tous deux sous les yeux des Chambres, afin d'éclairer autant que possible la discussion sur la grave question de la colonisation de l'Algérie.

SOMMAIRE.

PROJET DE M. LE LIEUTENANT GÉNÉRAL DE LA MORICIÈRE.

PROJET DE M. LE LIEUTENANT GÉNÉRAL BEDEAU.

ÉTUDES PRÉPARATOIRES

POUR LA COLONISATION

DE LA PROVINCE D'ORAN,

FAITES SOUS LA DIRECTION

DU LIEUTENANT GÉNÉRAL DE LA MORICIÈRE.

ÉTUDES PRÉPARATOIRES

POUR LA COLONISATION

DE LA PROVINCE D'ORAN.

N° 1.

LETTRE D'ENVOI DU PROJET

A M. LE GOUVERNEUR GÉNÉRAL DE L'ALGÉRIE.

Oran. — Mai 1846.

MONSIEUR LE MARÉCHAL,

Votre circulaire du 8 avril 1846 me prescrit de vous faire connaître les points du territoire mixte qui me paraissent le plus favorables à la création de nouveaux centres de population européenne.

L'arrêté du 2 avril 1846 détermine la composition de commissions, chargées d'examiner sur le terrain toutes les questions dont la solution intéresse l'établissement des centres de population proposés. Il m'a semblé que, pour donner une valeur réelle à ce travail, je devais embrasser la question d'un point de vue général, de manière à déterminer le programme à remplir dans un temps donné, et la progression à suivre pour accomplir, d'année en année, la portion de ce programme dont le Gouvernement voudra fournir les moyens d'exécution.

J'ai posé en ces termes le problème à résoudre de la population dans l'état actuel de la province : « Déterminer le chiffre de population européenne agricole, qui suffirait seule à nourrir les 25,000 habitants, 2,000 chevaux ou mulets qui peuplent les villes de la province d'Oran, et en outre 25,000 hommes de troupe et 6,000 chevaux ou mulets, effectif militaire nécessaire à la défense du pays dans les circonstances ordinaires.

« Indiquer les territoires convenables et suffisants pour recevoir cette population. »

Le grand triangle qui a sa base sur le bord de la mer d'Oran à Mostaganem, et son sommet à Mascara, se présentait naturellement comme le premier champ de cette colonisation. J'ai donc commencé par le faire étudier.

M. le lieutenant-colonel d'état-major de Martimprey a été chargé d'examiner en détail la répartition du sol entre les détenteurs indigènes actuels, et leurs droits, soit à la propriété, soit à l'usufruit, afin de déduire de cette étude les moyens de faire place à la population européenne, en froissant le moins possible les intérêts de la population indigène.

M. le chef d'escadron d'état-major d'Illiers a été chargé d'examiner le terrain, afin de donner un premier aperçu des lieux qui, par la nature du sol et des eaux, par toutes les considérations agricoles, paraîtraient favorables à l'assiette des centres de population; travaillant de concert avec M. de Martimprey, il a présenté une division approximative en communes, et l'indication des communications à ouvrir.

M. le capitaine d'artillerie Azema de Montgravier, attaché à la sous-direction des affaires arabes, officier versé dans les études archéologiques, a recherché les vestiges des établissements romains dans la province, afin d'établir une comparaison instructive entre ce qu'ils ont fait et ce que nous faisons et voulons faire.

A ces deux officiers étaient adjoints MM. Gelez, capitaine au 44ᵉ de ligne, officier studieux et intelligent, à qui était confié le soin de faire les relevés topographiques reconnus utiles; Brahemscha, interprète principal, accompagné d'indicateurs arabes, vieux serviteurs des Turcs, bien instruits de toutes les questions de propriété.

MM. de Martimprey, d'Illiers et Azema ont employé six semaines à l'exploration minutieuse du terrain.

Les résultats de cette triple enquête sont consignés :

1° Dans un mémoire de M. le lieutenant-colonel de Martimprey, accompagné d'un plan indicatif de l'état actuel des lieux et des zones de colonisation projetées.

2° Dans une série de notices rédigées par M. le commandant d'Illiers, et qui donnent la description de chacune des communes proposées. Une carte dite des *communes* a été dessinée pour servir à l'intelligence de ces notices.

3° Dans deux mémoires de M. Azema de Montgravier sur l'assiette de la domination romaine dans la province d'Oran et sur la politique des Romains à l'égard des indigènes, avec une carte rectifiée des ruines romaines.

Je considère le mémoire et les notices comme l'exposé

général de l'entreprise et des moyens à y appliquer. Je me propose d'indiquer ici la partie par laquelle on doit commencer, le mode à adopter pour y amener les colons, et enfin de présenter les devis des dépenses indispensables, afin d'en conclure l'étendue des crédits à ouvrir.

Il est admis (voir le mémoire, page 68), que la colonisation à entreprendre en premier lieu est celle qui ne doit pas entraîner le déplacement d'une portion considérable de la tribu des Garrabas. Les seuls territoires qui satisfassent à cette condition, dans la zone, sont ceux des communes de

Sidi-Ali	170 familles.
Assian-Toual	200
Tazout	70
Goudyel	140
Guessiba	72
Arzew	200
Bettoua	100
TOTAL	952

J'y ajoute le Tletate que je considère, quant à présent, comme village routier et qui peut sans inconvénient être créé, partiellement, en dehors de l'ensemble moyennant transaction avec quelques familles des Smélas et des Garabas.

J'ajoute donc :

Tlelate	50 familles.

A quoi je joins dans les autres zones :

1° Zone de Mostaganem.

Commune des Jardins	250
Assi-Mamache	130
A REPORTER	430

REPORT............... 430 familles.

2° Zone intérieure du Sig.

Saint-Denis........... } 600
L'Union agricole ......

3° Zone intérieure de Mascara.

Mascara (banlieue)..... } 350
Sidi-Daho ....

TOTAL GÉNÉRAL......... 2,332

Je propose de faire immédiatement appel à la population européenne pour occuper ces quatorze communes. Je demande, par conséquent, les crédits nécessaires :

1° Pour obtenir la disposition du sol;

2° Pour ouvrir les voies de communication indispensables, et en général pour préparer l'installation des colons ainsi qu'il sera expliqué ci-après.

Un devis estimatif ci-annexé de la dépense par commune, donne le détail des crédits à allouer pour chacune d'elles et pour les travaux d'utilité générale qui se rattachent directement à sa création. Je passe au système d'introduction de la population coloniale.

Personne n'ignore qu'un des obstacles qui ont nui jusqu'ici à l'implantation de la population européenne sur le sol algérien, est résulté de la lenteur et de la multiplicité des formalités imposées aux colons qui demandaient des terres. Un autre est né de l'exagération des dépenses imposées à l'État par le luxe d'établissements et de travaux publics dont on a doté les nouveaux villages, travaux utiles et désirables en eux-mêmes, mais non indispensables à l'existence des populations, ni même d'un grand secours pour elles. Les nouveaux villages ont dû naître dans un état

de perfection encore inconnu dans la plupart des villages
de France, avec des rues et des routes nivelées, des champs
cadastrés, des ponts sur tous les ruisseaux, de belles églises,
des écoles, des maisons communes, etc., etc. On a pris pour
point de départ le terme auquel aspirent encore, et que ne
toucheront de longtemps la plupart de nos communes ru-
rales de l'intérieur. Faut-il s'étonner que beaucoup de temps
et d'argent se dépensent pour se préparer à marcher ainsi.

Je repousse d'une manière absolue cette perfection rui-
neuse. J'entends, par le plan d'un village à créer, la déter-
mination sur le terrain, au moyen de quelques piquets, de
l'emplacement sur lequel il sera bâti, celle d'une place et
de quelques rues principales. Par un chemin communal (je
réserve les grandes routes et routes secondaires, qui doivent
être exécutées comme en France avec le temps), j'entends
un sentier arabe grossièrement rectifié s'il le faut, débar-
rassé des broussailles et des palmiers nains, pour que les
charrettes y puissent circuler.

Je demande que le colon soit mis en possession de son
terrain par des procédés analogues, en mesurant au pas
les limites de son champ et les bornant par une pierre.

Le travail du géomètre doit suivre, non précéder cette
installation qu'il retarde indéfiniment, lorsqu'elle lui est su-
bordonnée.

Je ne puis admettre qu'on se jette, pour un village qui
n'existe qu'en germe, dans les frais d'une église, d'un pres-
bytère, d'une maison d'école, d'une mairie, d'une gendar-
merie, ni qu'on doive attendre, avant de rien commencer,
d'avoir les moyens d'élever toutes ces constructions dispen-
dieuses.

Ces conditions très-utiles, très-avantageuses, de l'existence d'une commune formée, ne lui sont pas indispensables pour se former. Plus tard, lorsque plusieurs villages seront groupés sur le sol, que chacun aura fait ses preuves de vitalité, que l'expérience aura démontré leur importance relative, l'État appréciera pour lequel et dans quel moment il sera opportun de faire ces sacrifices. Ce choix devra évidemment être effectué le plus tôt possible, et l'État devra consacrer chaque année un crédit assez large pour ces utiles créations [1].

Mais il est des travaux que la nature du climat et du sol rendent indispensables, d'autres qui sont exigés par la prudence, en face de la population musulmane. Ce sont ceux :

1° Des puits, fontaines et abreuvoirs, des irrigations lorsqu'il est possible d'en avoir, en un mot tout ce qui se rapporte au service des eaux;

2° D'une enceinte composée d'un fossé et d'un parapet en terre.

Les populations ont donc besoin d'un secours immédiat pour se procurer cette protection et ces commodités d'un intérêt urgent. Je vais expliquer tout à l'heure comment je voudrais les leur assurer.

J'arrive d'abord à la question la plus difficile..... Trouver des habitants pour nos villages?

Le Gouvernement ayant résolu d'entreprendre la fondation d'un certain nombre de villages, et s'étant préalablement procuré la libre disposition du sol par les moyens

---

[1] Lorsque les centres de population sont fondés, que la commune est constituée, elle prend rang parmi les communes de la province et participe aux allocations qui leur sont attribuées.

indiqués pour chaque commune, ferait publier en Algérie et
en France que l'État est prêt à aliéner les terres comprises
dans la circonscription déterminée, et que les conditions
de cette aliénation sont exprimées dans un cahier des
charges, déposé avec une description des lieux et le plan à
l'appui, à Paris, dans les bureaux des affaires de l'Algérie ;
à Alger, dans ceux de la direction de l'intérieur ; à Oran,
dans ceux de la direction des domaines et dans toutes les
préfectures de France.

La description des lieux serait fournie par le travail de
M. le commandant d'Illiers ou par un travail analogue et
par la carte des communes.

Il serait rédigé un cahier des charges par commune ; ce
cahier des charges reproduirait, d'abord, un résumé de ce
qui précède, comme aperçu général de l'idée qui préside
à la fondation des villages. Il indiquerait ensuite :

1° LES ENGAGEMENTS DE L'ÉTAT ENVERS LES ADJUDICATAIRES OU CONCESSIONNAIRES.

1° L'allocation d'un crédit déterminé pour l'ouverture
immédiate des communications de la commune avec les
communes voisines, suivant le plan, l'ouverture des rues
comprise ; promesse d'un crédit analogue pendant deux ans
pour amener ces chemins à l'état convenable.

2° Allocation d'un crédit calculé d'après le taux moyen
par famille, auquel reviennent à l'État les travaux nécessaires pour enceindre les villages et y créer, soit une fontaine, soit un puits à pompe avec abreuvoir et lavoir.

Ces crédits devraient être disponibles pour la première
année ; ils seraient employés de suite, au moyen d'ouvriers

militaires ou de manœuvres civils, si l'on ne jugeait pas à propos de réserver ce travail aux colons eux-mêmes pour la morte saison.

3° Engagement par l'État de pourvoir plus tard aux besoins généraux constatés dans le périmètre de la colonisation entreprise, tels qu'églises, presbytères, etc., etc., selon les propositions qui seront faites par la commission consultative, agréées par le conseil d'administration de la colonie et comprises dans les budgets annuels.

4° Si la localité motivait quelque travail d'un haut intérêt, un engagement spécial pourrait être pris à cet égard.

5° Si quelque difficulté locale devait rendre plus dispendieuse qu'ailleurs la construction des maisons (éloignement des matériaux, nature des chemins et leur direction excentrique, etc.) et le défrichement des terres, promesse d'une prime en argent pour chaque famille installée d'une manière déterminée : cette prime serait payable en deux ou trois termes, après l'accomplissement de la moitié ou du tiers de l'entreprise, de manière à payer d'abord moitié de la prime pour les familles établies les premières, et le complément après l'établissement total [1].

6° Engagement par l'État d'acquérir pendant dix ans, au prix moyen des marchés passés outre mer, les céréales (blés et orge) produites par les colons, chacun d'eux pouvant livrer un maximum calculé d'après la surface qu'il a ensemencée dans l'année, c'est-à-dire 5 quintaux disponibles par hectare (Mémoire, page 44).

---

[1] Cette prime, lorsqu'il y aura lieu de l'accorder, sera toujours détermi-née d'avance, d'après les difficultés du défrichement et de l'installation ; elle sera portée au cahier des charges.

2° ENGAGEMENTS DE L'ADJUDICATAIRE OU CONCESSIONNAIRE.

L'adjudicataire ou concessionnaire se chargerait, soit d'une commune entière, soit de fractions déterminées de cette même commune.

Il s'engagerait à y installer, dans un délai de trois, de quatre ou cinq ans, le nombre de familles qui serait déterminé par le cahier des charges, et dont les notices de M. d'Illers donnent l'aperçu.

Le tiers de ces familles, au moins, devrait être installé à la fin de la deuxième année.

L'adjudicataire serait libre de répartir le sol entre les familles, et de régler avec elles les conditions auxquelles il leur procurerait une habitation dans l'enceinte du village ou des hameaux.

Un quart des surfaces comprises dans les enceintes serait réservé par l'État pour être concédé directement aux familles qui, dès l'origine ou postérieurement, voudraient se construire à elles-mêmes leurs habitations.

Les clauses obligatoires auxquelles serait assujetti l'adjudicataire seraient :

1° De réserver une portion déterminée de terrain, qui resterait propriété communale du village définitivement constitué. Cette portion devrait être approximativement de 1/5ᵉ de la surface totale.

2° D'introduire dans tous les constrats passés avec les colons une clause qui les constitue propriétaires, après l'accomplissement de toutes les obligations réciproques, de 4 hectares, au moins, de terres labourables.

3° De procéder d'après le système adopté, et d'une manière continue, au peuplement des communes, c'est-à-dire d'agglomérer les maisons dans l'intérieur des enceintes, sans pouvoir les éparpiller dans ces mêmes enceintes ni au dehors (sauf les cas particuliers), en réservant une portion de surface proportionnelle au nombre de familles non encore établies.

Le quart mis à part pour les concessions directes serait compris dans le calcul de cette surface réservée. Le concessionnaire pourrait ultérieurement en obtenir une partie, si elle ne trouvait pas d'autre emploi.

4° De réserver pareillement des portions compactes des terres propres au jardinage et à la culture proportionnellement au nombre des familles non établies.

Ces surfaces resteraient complétement libres et disponibles pour un autre adjudicataire dans le cas où, à l'expiration du délai, le premier adjudicataire devrait être évincé de cette portion de la terre, laquelle ferait retour au domaine de l'État.

L'agent des domaines, secondé par l'inspecteur de la colonisation attaché au territoire mixte, surveillerait ces installations et l'exécution des conditions imposées.

Les villages ainsi ébauchés devront d'ailleurs être promptement remis à l'administration civile, plus complétement organisée que les commissions consultatives, pour les régir

Le cahier des charges étant ainsi resté déposé pendant un mois ou six semaines, l'administration des domaines apprécierait, d'après les rapports qu'elle aurait reçus de son agent pour chaque commune ou portion de commune, s'il convient de recourir, soit à une adjudication, soit à une concession directe. Une décision devrait être notifiée au directeur des domaines, avant l'expiration du délai de dépôt du cahier des charges. Le mode de l'adjudication serait généralement préférable. Dans ce cas, la concurrence s'établirait de la manière suivante :

Chaque *soumissionnaire* renoncerait au bénéfice d'une ou de plusieurs stipulations consenties par l'État, comme *crédit pour l'ouverture* de communications, *crédit* pour les eaux et pour les enceintes, *prime* ou portion de prime d'établissement des colons. Il prendrait à sa charge ces travaux d'utilité générale ou d'autres réservés à l'État, églises, presbytères, etc., etc.

L'adjudication serait consentie au nom de l'État par l'agent du domaine, au profit de celui qui aurait fait les conditions les plus avantageuses.

Dans les cas de concession directe, l'agent du domaine procéderait d'une manière analogue, c'est-à-dire qu'il chercherait à obtenir du concessionnaire des engagements conformes à ceux qui viennent d'être exposés; mais la concession consentie par lui serait définitive, sauf désaveu de l'administration, pour accusation de forfaiture contre son agent.

Il serait d'ailleurs formellement exprimé qu'au delà du délai d'achèvement des villages, aucune promesse n'est faite de laisser la terre exempte d'impôt, comme elle l'est aujourd'hui; cette question restant de droit réservée dans l'avenir à l'appréciation du Gouvernement et des Chambres.

J'ai la confiance que la terre, ainsi offerte, trouverait des acquéreurs, soit adjudicataires, soit concessionnaires, au moins dans la plus grande partie des quatorze communes qu'il s'agit de peupler. Si quelques-unes étaient négligées d'abord, elles seraient couvertes à leur tour, un peu plus tard, par la population forcée de sortir des limites de celles qui l'auraient d'abord attirée.

Je demande donc, Monsieur le Maréchal, que le Gouvernement se prononce sur les propositions que j'ai l'honneur de vous exposer. Si le principe en est admis, si le ministre est disposé à accorder les fonds demandés, je m'occuperai de suite de faire rédiger, d'une manière définitive, les divers cahiers des charges que comporte ce projet. Ce sera l'œuvre de la commission consultative d'Oran, éclairée par le rapport de la commission d'examen que, conformément à l'arrêté du 2 avril, je vous propose de composer ainsi qu'il suit :

MM. De Marcilly, capitaine du génie, président,
    Azema de Montgravier, officier attaché à la sous-direction des affaires arabes,
    Lozivy, inspecteur de la colonisation,
    Gama, chirurgien-major,
    Perrin, receveur des domaines, secrétaire.

Cette commission pourra commencer ces explorations dès que vous m'aurez autorisé à la mettre à l'œuvre. Je demande qu'elle fonctionne dans tous les territoires, à quelque subdivision qu'ils appartiennent, en remplaçant seulement M. Perrin par l'agent des domaines de la localité.

Il ne me reste plus, Monsieur le Maréchal, qu'à vous soumettre l'état des crédits à ouvrir pour l'établissement des communes dont j'ai donné plus haut la nomenclature. Ces crédits sont destinés, partie à désintéresser les indigènes détenteurs du sol, partie à faire face aux travaux qui doivent nécessairement précéder l'établissement de la population européenne.

COMMUNE DE SIDI-ALI.

Elle s'étend sur les Mecheta des Feranin et des Hel-ben-Sabeur-Garabas, qui, possesseurs de doubles Mechetas, ont leur Mecheta de labour dans Melata. Il en est de même pour les Menatsia, mais pour eux le tracé de la commune ne prélève qu'une surface insignifiante. Elle fait au contraire une entrée considérable chez les Christels.

Désintéressements.

Les Feranin et les Hel-ben-Sabeur recevront, en échange du Mecheta, qui leur est respectivement enlevé, et à titre de Sabega, chacun le quart de la terre du beylick de Dayt-Turkia. Les Menatsia seront désintéressés ultérieurement.

Les Christels, avec lesquels il y a lieu de traiter, pour tout leur territoire, sauf la réserve indiquée pour leur placement, recevront le premier tiers des 6,000 francs qui doivent leur être comptés, ci . . . . 2,000^f

Communications secondaires et vicinales.

Chemin de Sidi-Ali à Oran, en passant par Assi-el-Djir; élargissement à 5 mètres. Déjà praticable aux charrettes, la dépense n'excédera pas 20 centimes par mètre courant. Distance 4,500 mètres . . . . 900^f

Chemin d'Oran à Feranin. Il sera ouvert à 4 mètres, jusqu'à hauteur du cap Canastel. Il coûtera 15 centimes le mètre. Distance 4,000 mètres 600

Prolongement du chemin par un sentier de 2 mètres, pour gagner Feranin. C'est aussi la communication de Christel avec Oran. Le mètre coûtera 15 centimes. Distance 5,000 mètres 750

} 2,250

Enceintes.

Village de Sidi-Ali 1,500
Ben-Okba 840
Assi-Béchir 840
El-Feranin 480
Azelef 660

} 4,320

À REPORTER 8,570

REPORT......... . 8,570ᶠ

Travaux pour les eaux.

Puits de Sidi-Ali. — Installation d'une pompe, abreuvoir et
lavoir... 2,200ᶠ ⎫
   Réouverture de l'ancien puits français et potences..... 200 ⎪
   Puits de Ben-Okba. — Pompe, abreuvoir et lavoir..... 1,800 ⎬ 7,200ᶠ
   Fontaines d'Assi-el-Béchir.. ⎫ ⎪
   ———— d'Azelef........ ⎬ Bassins, abreuvoirs et la- ⎪
   ———— de Feranin..... ⎭ voirs. .... 3,000 ⎭

TOTAL des dépenses pour la commune de Sidi-Ali... 15,770

La commune doit compter 170 familles : c'est une subvention de 93 francs par famille.

COMMUNE D'ASSIAN-TOUAL.

Désintéressements.

Elle embrasse les Mecheta des Menatsia, Medjeari et El-
Ameur, et une partie du Mecheta des Ararchas.

Les Menatsia seront indemnisés de leur déplacement en
recevant comme Sabega un quart de la terre du beylik de
Dayt-Turkia. Les Medjeari recevront le dernier quart, dans
la partie contiguë au Mecheta de Ben-Guermoud. Les El-
Ameur recevront comme Sabega la terre de Sidi-Lakdar,
près de Dayt-Oûm-el-Relaz, qui est contiguë à leur Mecheta
de labour. Les Ararchas, après le prélèvement fait sur eux,
ont encore beaucoup plus de terrain qu'il ne leur en faut ;
les friches qui envahissent leur sol en font foi.

Il résultera de ces mouvements une agglomération de
douars plus considérable dans le voisinage des puits de
Bou-Fatis. Il serait équitable d'y faire exécuter quelques
travaux pour faciliter l'abreuvage des bestiaux. Cette dépense sera portée aux travaux d'utilité générale dans la pré-

sente commune pour une somme de 1.500 fr., à employer :

1° A la réouverture de deux puits, ci............... 300[f]
2° A construire un abreuvoir de 12 mètres, ci........ 1,200
                                                      _____
                                                       1,500

Communications secondaires.

· Dans l'étendue de cette commune, la nature du sol, l'existence et le bon tracé des anciens sentiers, dont on profitera pour les voies de communication à établir, permettent de ne compter qu'à 10 centimes le mètre courant avec élargissement à 5 mètres.

Le développement des communications projetées est de 19,000 mètres................................1,900[f] | 1,900[f]

Enceintes.

Enceinte d'Assiam-Toual....................... 1,320 ⎞
———— d'Assi-Ameur, hameau de même force...... 840 ⎟
———— d'Assi-ben-Euda, *idem*.................. 840 ⎬ 4,880
———— d'Assi-bou-Nif, *idem*................... 840 ⎟
———— d'Assi-ben-Féréah, *idem*................ 840 ⎠
                                                    _____
                                                     6,780

Travaux pour les eaux.

A Assian-bou-Fatis (suivant indication)............ 1,500[f] ⎞
A Assian-Toual, pompe, abreuvoir et lavoir......... 2,200 ⎟
A Assi-Ameur, Assi-ben-Euda, Assi-bou-Nif, Assi-ben- ⎟
Féréah.— Nettoyage des puits, réparation des revêtements, ⎬ 6,900
relèvement du terrain autour des puits, abreuvoirs de ⎟
3 mètres, lavoirs de 3 mètres, 800 francs sur chaque point, ⎟
ci.. 3,200 ⎠
                                                      _____
TOTAL des dépenses pour la commune d'Assian-Toual. 13,680

Le nombre des familles de la commune est fixé à 200, ce qui fait une subvention de 68 francs par famille.

COMMUNE DE GUDYEIL.

Désintéressement.

Elle embrasse le territoire de Christel, dans sa partie S., prélève la partie du territoire des Ouled-Sid-Mansour, située au nord de Telamine, et empiète un peu à l'E. sur les Ahmian.

Le tiers des 6,000 francs payable aux Christels, comme indemnité, devra être acquitté au moment de l'occupation de la commune de Gudyeïl, ci 2,000ᶠ

Les Oulad-Sidi-Mansour, après le prélèvement fait, ont un territoire plus que suffisant au S. E. de Telamine.

Les Ahmian peuvent subir, sans aucune gêne, le petit empiètement indiqué.

Communications secondaires.

La carte en indique le tracé. Elles auront toutes une largeur de 5 mètres; elles suivent sur plusieurs points des sentiers bien tracés, le terrain est généralement horizontal et facile, mais il y aura en certains endroits beaucoup de broussailles à déraciner. Le prix moyen du mètre courant doit être compté à 15 centimes; distance, 20,000 mètres, ci 3,000   3,000

Enceintes.

Enceinte de Gudyeïl	1,620	
——— de Méfessour	600	2,280

Travaux pour les eaux.

Abreuvoir à la source de Gudyeïl et autres travaux	1,500	
Conduite pour amener les eaux de la source au village sur la route à 5 francs par mètre, 900 mètres à parcourir.	4,500	
Lavoir du village et abreuvoir de 12 mètres	1,500	9,800
A Assi-Méfessour. — Puits à ouvrir et à revêtir	600	
Pompes	500	
Lavoir et abreuvoir	1,200	

Total des dépenses pour la commune de Gudyeïl . . .   17,080

La situation de Gudyeil et de Méfessour sur la route
d'Oran à Arzew-le-Port, exige des travaux plus considérables pour les eaux, ce qui explique l'élévation des dépenses qu'exige cette commune comme installation.

Le nombre des familles qui doit l'occuper est de 140. La
dépense totale étant de 17,080 francs, c'est une subvention
de 122 francs par famille dont il s'agit.

COMMUNE DE TAZOUT.

Désintéressement.

Le territoire de cette commune est situé tout entier sur celui des Christels,
dont il embrasse la partie nord-ouest. Au moment de son occupation, il sera
payé aux Christels le tiers des 6,000 francs stipulés avec eux pour la vente
d'une partie de leur territoire, ci.......................... 2,000^f

Communications secondaires.

Ces communications seront ouvertes indistinctement dans la commune de Christel et dans le nouveau territoire arabe. Tazout sera
mis en relation avec Gudyeil par un chemin de 5 mètres de largeur,
à 25 centimes le mètre. Distance, 3,000 mètres, ci...... 750^f ⎫
⎬ 3,450
Pour le reste, ouverture de sentiers de 2 mètres, à 15 cen- ⎭
times le mètre. Parcours, 18,000 mètres, ci.......... 2,700

Enceintes.

Tazout seul exige une enceinte, ci....................... 960
Tazout seul exige des travaux, puits à creuser, à revêtir; pompes,
lavoir et abreuvoir... 2,200
_____
TOTAL pour la commune de Tazout........ 8,610
_____

La population de la commune est de 70 familles; la dépense s'élève à 8,610 francs, ce qui établit la subvention à
123 francs par famille.

COMMUNE DE GUESSIBA.

Désintéressement.

Elle occupe la partie nord du territoire des Ahmian. Elle exige l'occupation du Mecheta d'Aïssa-ben-Della. Il a été dit qu'il serait compté aux détenteurs de chaque Mecheta évacué une indemnité de 1,000 francs, et qu'ils recevraient une nouvelle position dans la partie est du territoire de la tribu, ci. 1,000ᶠ

Communications secondaires.

La principale, de Guessiba à Muley-Magoung, aura 5 mètres de largeur. Elle présente peu à faire, si le village est construit sur la rive droite de l'Oued-Guessiba. Prix du mètre, 15 centimes. Distance, 1,000 mètres, ci. 150ᶠ

Chemin pour les charrettes de Guessiba à Arzew, 3 mètres de largeur, terrain accidenté. Prix du mètre courant, 20 centimes. Distance, 3,000 mètres, ci 600

Sentier de 2 mètres, de Guessiba à Ben-Iebka. 10 centimes le mètre. Distance, 2,200 mètres, ci. 220

Dans les mêmes conditions, de Ben-Iebka à Ain-Ouinkel, 1,200 mètres, ci. 120

Mêmes conditions de Guessiba à Abd-el-Ouedia. Distance, 1,600 mètres, ci. 160

1,250

Enceintes.

Enceinte de Guessiba. 1,140
———— d'Abd-el-Ouedia. 360
———— d'Ain-Ouinkel. 360

1,860

Travaux pour les eaux.

Réparation au puits de Ben-Iebka. 200
A Guessiba, abreuvoir et lavoir. 1,200
Travaux à la source d'Abd-el-Ouedia. 200

1,600

TOTAL des dépenses pour la commune de Guessiba. . . 5,710

Le nombre des familles de la commune étant de 72, c'est comme subvention moyenne 82 francs par famille.

COMMUNE D'ARZEW.

Désintéressement.

Elle occupe, 1° la terre de Bel-gaïd, dont l'acquisition, selon toute apparence, coûtera .... 8,000^f

2° Les mecheta de Ali-ben-Youb, de Ben-Aïad, de Bou-Kelral, qui doivent être reportés dans l'est; il doit être payé pour chacun de ces Mecheta 1,000 francs, soit......... 3,000

} 11,000^f

Communications secondaires.

Chemin de Muley-Magoung à Guessiba (plaine unie), 5 mètres de largeur, à 15 centimes le mètre courant. Distance, 4,300 mètres, ci.................................... 645^f

D'Arzew à Guessiba, par l'Oued-Chemmaar, 3 mètres de largeur, à 20 centimes le mètre. Distance 5,500 mètres, ci. 1,100

Chemin de Muley-Magoung à Tesmani, 5 mètres de largeur, à 10 centimes le mètre. Distance, 2,000 mètres, ci... 200

} 1,945

Enceintes.

Enceinte de Muley-Magoung.................... 1,080^f
El-Ahmia. 660

} 1,740

Travaux pour les eaux.

A Muley-Magoung, à Ahmia, à Arzew, les nécessités pour l'eau sont satisfaites.................................... li

TOTAL des dépenses pour la commune d'Arzew..... 14,685

Arzew compte pour 130 dans le nombre des familles à établir dans la commune d'Arzew et qui sont au nombre de 200, ce qui donne comme chiffre de dépenses, 73 francs par famille.

COMMUNE DE BETEOUA.

Désintéressement.

Elle embrasse, 1° deux Mecheta des Ahmian, celui de Bel-Reix Ould-Amar en entier, celui de Brahim-ben-Chourah en partie, aux conditions précédentes.

C'est à payer pour chaque Mecheta 1,000 francs, ci............. 2,000ᶠ

2° La partie ouest et la partie est des Beteoua, laissées en jouissance de la partie sud de leur village..................... //

Communications secondaires.

De Betcoua au Sig par Assi-el-Hamoud, à 5 mètres, 20 centimes par mètre. Distance 4,000 mètres, ci........... 800ᶠ

D'El-Hamoud par Tesmani, jusqu'aux limites de la
tribu, 3 mètres de largeur, 10 centimes par mètre. Distance 65,000 mètres, ci......................... 650 } 1,670ᶠ

De Tesmanni à Beteoua (mêmes conditions de largeur
et de prix). Distance, 2,200 mètres, ci.............. 220

Enceintes.

Enceinte de Beteoua (village européen)............. 1,080

————— de Tesmanni .... 660 } 2,580

————— d'El-Ray........................... 840

Travaux pour les eaux.

A Beteoua. — Pompe au grand puits.............. 800

————————— Abreuvoir et lavoir............... 1,400 } 4,000

A El-Ray. — Idem............................. 1,000

A Tesmanni. — Idem (proportions moindres)........ 800

TOTAL des dépenses pour la commune de Beteoua..... 10,250

La commune comptant 100 familles, la subvention par
famille pour l'installation est de 102 francs.

COMMUNICATIONS PRINCIPALES NÉCESSAIRES AU POINT DE VUE MILI-
TAIRE ET POLITIQUE, CONSIDÉRÉES DANS LES LIMITES DES 7 COM-
MUNES ACTUELLES.

Ce sont les routes d'Oran à Arzew et à Mostaganem.
D'Arzew au Sig et à Mostaganem.

Leur ouverture est indépendante de tout projet de colonisation. Elles sont indispensables au point de vue militaire
et politique: mais les travaux qu'on y entreprendra en temps
utile favoriseront évidemment la colonie dans son développement, comme viabilité, à cause des ressources qu'elles

procureront sur les lieux par les bénéfices du travail offert aux bras inoccupés. Il serait donc entendu qu'en même temps que la population serait dirigée sur les espaces indiqués, les communications qui viennent d'être désignées seraient entreprises sur un tracé définitif, mais par de premiers travaux d'ouverture. Dans ce système, en donnant 6 mètres de largeur à ces communications, avec 5o centimètres par mètre courant accordés immédiatement, on atteindrait le but proposé dans les données suivantes :

Route d'Oran à Arzew. — Son trajet dans la zone à coloniser est de 29,000 mètres, à 50 centimes le mètre, ci........ 14,500ᶠ ⎫

D'Oran à Mostaganem, jusqu'à Beteoua (partie non commune à la précédente), 12,000 mètres, ci....... 6,000 ⎬ 33,500ᶠ

D'Arzew à Mostaganem 15,000 mètres, ci......... 7,500

D'Arzew au Sig, jusqu'à l'extrémité N. E. de la saline seulement, 11,000 mètres, ci................. 5,500 ⎭

RÉCAPITULATION DES DIVERS CRÉDITS À OUVRIR POUR LA PREMIÈRE ANNÉE DANS LA PARTIE DE LA ZONE D'ORAN IMMÉDIATEMENT COLONISABLE.

Désintéressement.

Achat du territoire de Christel .... 6,000ᶠ ⎫

Indemnités aux 6 Mechetas des Ahmians............ 6,000 ⎬ 20,000ᶠ

Terre de Bel-Quaïd. .... 8,000 ⎭

Communications prinaipales nécessaires au point de vue militaire et politique.

Dans l'ensemble de sept communes................. 33,500 | 33,500

Communications secondaires ou vicinales.

Commune de Sidi-Ali........................ 2,250 ⎫

———— Assian-Toual...................... 1,900 ⎪

———— Gudyeil......................... 3,000 ⎪

———— Tazout....................... 3.450 ⎬ 15,465

———— Guessiba .... 1,250 ⎪

———— Arzew-le-Port .... 1,945 ⎪

———— Beteoua...... .... 1,670 ⎭

A REPORTER........... 58,965

REPORT. 58.965ᶠ

Enceintes.

Commune de Sidi-Ali	4,320ᶠ	
————— Assian-Toual	4,880	
————— Gudyeil......................	2,280	
————— Tazout.	960	19,010
————— Guessiba	2,250	
————— Arzew-le-Port	1,740	
————— Beteoua......................	2,580	

Travaux pour les eaux.

Commune de Sidi-Ali......................	7,200	
————— Assian-Toual	6,900	
————— Gudyeil......................	9,800	
————— Tazout.	2,200	31,700
————— Guessiba	1,600	
————— Arzew-le-Port	//	
————— Beteoua......................	4,000	

TOTAL des dépenses pour la zone d'Oran........... 119,675

Cette dépense de 119,675 francs, le chiffre des familles étant de 952, donne une subvention, par famille, de 125 fr. 70 cent. et de 104 fr. 70 centimes seulement, en déduisant les sommes à payer comme désintéressement.

COMMUNE DE MOSTAGANEM ET D'ASSI-MAMACHE.

Désintéressement.

Il n'y a pas lieu à désintéressement en argent; la disponibilité s'obtiendra par des échanges.

Communications secondaires.

Elles existent.

Enceintes.

Village Des Jardins......................	1,080ᶠ	
Assi-Mamache......................	1,500	3,420ᶠ
Aïn-Nouïsi......................	840	

À REPORTER............ 3,420

REPORT..........	3,420^f

Travaux pour les eaux.

Au village Des Jardins : puits revêtus, pompe, abreuvoir, lavoir, qui serviront aux environs............. 2,400^f

Assi-Mamache, mêmes travaux........... 2,400 — 6,200

Aïn-Nouïsi........................ 1,400

Communications principales.

Celles de Mascara par Masera et d'Arzew par Mazagran existent; la route des mulets, par les Beni-Chougran, paraît devoir être entreprise. Elle parcourt 15,000 mètres dans les deux communes précitées, à 50 centimes par mètre, ci.................... 7,500

DÉPENSE TOTALE............. 17,120

COMMUNES DU SIG (SAINT-DENIS ET L'UNION).

Désintéressement.

Les désintéressements ont été indiqués; ils n'engagent dans aucun déboursement de fonds.

La colonisation, sur ce point, est en voie d'exécution. Les travaux d'exécution sont déjà accomplis en partie ou tendent à se compléter. Il y a pas de proposition à établir.

La route d'Oran à Mascara jettera des moyens de travail dans cette localité.

COMMUNES DE MASCARA ET DE SIDI-DAHO.

Désintéressement.

Le territoire de Sidi-Daho n'a pas encore été étudié, et il n'est pas possible, avant cette étude, de donner une solution à la question de désintéressement.

Communications secondaires.

De Sidi-Daho à Mascara : embranchement sur la route d'El-Bordj; 5 mètres d'ouverture à 20 centimes le mètre. Distance 1,000 mètres, ci........................ 200^f

De Sidi-Daho par Ras-el-Aïn, 2,000 mètres, ci....... 400 — 600^f

À REPORTER............. 600

REPORT... 600ᶠ

Enceintes.

Sidi-Daho... 1,500 ⎫
Le Keurt.. 1,500 ⎬ 4,500
Ras-el-Aïn.. 1,500 ⎭

Travaux pour les eaux.

Abreuvoir et lavoir au Keurt.......................... 1,200 ⎫
Idem............. à Ras-el-Aïn...................... 1,200 ⎬ 2,400

TOTAL des dépenses pour les deux communes de Mascara
et de Sidi-Daho... 7,500

VILLAGE ROUTIER DU TLÉLATE.

En attendant l'époque où l'invasion de la 2ᵉ partie de la zone colonisable d'Oran amènera la constitution de la commune du Tlétate, la formation d'un centre de population sur ce point paraît ne pas pouvoir être retardée. Un village routier de 50 familles y sera donc formé. Il lui sera attribué un territoire de 400 hectares, dont le prélèvement sera réglé par la direction des affaires arabes, en prenant 200 hectares sur le territoire des Smélas, 50 aux Féranin, qui recevront en échange, comme Sabega, la terre de Si-el-Madani, et 150 aux Hel-Zmeiti (Garabas), qui recevront, aussi comme Sabega, la terre d'Abd-ben-Ferrag et Chigr-Bou-Alem dite des Adaïda, qui est équivalente.

Désintéressement.

Il n'y en aura pas en argent.

Communications.

Elles existent.

Enceintes.

Village du Tlélate (enceinte destinée à recevoir les convois isolés et à entourer le village).. 1,500ᶠ

A REPORTER.... 1,500

REPORT... 1,500ᶠ

Travaux pour les eaux.

Conduit latéral depuis les marabouts de Sidi-Larbi-Ber-Afor par la rive gauche, à 3 francs le mètre courant pour un travail d'ouverture. Distance, 6,000 mètres, ci...................... 18,000

TOTAL des dépenses au village routier du Tlélate..... 19,500

RÉCAPITULATION DES DÉPENSES POUR AIDER À L'INSTALLATION DE LA COLONISATION DANS LES DIVERSES LOCALITÉS MENTIONNÉES.

Zone d'Oran : 7 communes..............................	119,675ᶠ
Mostaganem : 2 communes.............................	17,120
Le Sig : 2 communes (projets antérieurs).................	"
Mascara : 2 communes,................................	7,500
Village routier du Tlélate...............................	19,500
Chiffres auxquels il convient d'ajouter un fonds commun de réserve pour les dépenses imprévues de....................	36,205
Ce qui constitue la demande d'un crédit de..............	200,000

Il résulte de ce qui précède que pour rendre possible l'établissement de 2,332 familles, nous demandons un crédit de 200,000 francs [1]. Je vous propose, Monsieur le Maréchal, de demander au Gouvernement que cette somme soit prélevée sur les 800,000 francs de contribution de guerre imposée aux Harars. Cette disposition, si elle est admise, ne nécessitant point un vote du parlement, nous permettrait de commencer immédiatement les travaux.

Agréez, Monsieur le Maréchal, l'assurance de mon respect.

Le Lieutenant général commandant la province d'Oran,
DE LA MORICIÈRE.

[1] Cette somme de 200,000 francs pour 2,332 familles donne une moyenne de 86 francs par famille, qui représente les dépenses à faire par l'État pour les travaux d'utilité publique qui doivent être exécutés avant l'installation des familles. Les dépenses de cette installation proprement dite restent à la charge des concessionnaires.

MÉMOIRE

SUR L'ÉTAT

DE LA PROPRIÉTÉ TERRITORIALE DANS LES TRIBUS.

INTRODUCTION.

On est aujourd'hui unanime sur ce point que le seul moyen d'arriver à résoudre ce qu'on appelle la *Question d'Afrique* est d'établir sur le sol d'Algérie une population chrétienne assez considérable pour nourrir l'armée, fournir à son recrutement et à son entretien et imposer par sa masse aux populations musulmanes. Nous supposons, en outre, qu'on est fixé sur le mode ou sur les divers modes de colonisation qu'on emploiera. Nous pensons qu'on a l'intention d'essayer tous les systèmes.

Admettant qu'on est d'accord sur les principes, nous espérons qu'on va se mettre à l'œuvre; mais là encore, au moment de passer de la théorie à la pratique, plusieurs questions de la plus grande importance se présenteront. L'existence de la population musulmane sur le sol à envahir; les droits divers dont elle y jouit et qu'il faudra régler par des désintéressements; sa déportation sur d'autres lieux choisis, pour arriver à la libre disposition de la terre; la convenance des localités, leur partage, leur assignation pour l'installation de la population nouvelle, les travaux de première urgence: toutes ces questions demanderont du temps, cet élément précieux, qui, s'il nous manquait, changerait un avenir fondé sur mille sacrifices, mais riche d'espérances, en une catastrophe.

C'est dans cette préoccupation que nous avons essayé de préluder à ces études, destinées à préparer les débuts de la colonisation dans la province d'Oran, mesurant le terrain à lui donner sur le développement que, livrée à ses propres ressources, elle devrait avoir pour assurer son indépendance et défier la famine. Trop heureux si, par ce travail nous avions pu avancer de quelques jours l'époque d'une telle situation!

L'objet de ce travail est de désigner et en quelque sorte de préparer dans la province d'Oran les lieux où, dans des conditions de sécurité et de salubrité, une population européenne puisse venir s'implanter dès à présent avec un chiffre tel, que, les approvisionnements par mer étant interceptés et tout apport par les indigènes cessant, cette population fût susceptible de produire en céréales de quoi suffire:

° A sa subsistance et à celle de ses bêtes de labour;

2° A la subsistance des 25,000 habitants des villes de la province et des 2,000 chevaux ou mulets qui y existent;

3° A la subsistance des 25,000 hommes de troupe et de

6000, chevaux ou mulets, force militaire nécessaire dans l'état de choses actuel pour garder les côtes et contenir les indigènes.

Pour nourrir en céréales 25,000 citadins et 25,000 soldats, il faut annuellement 100,000 quintaux de blé.

Pour 2,000 chevaux ou mulets des villes, pour 6,000 de l'armée, il faut annuellement en moyenne 100,000 quintaux d'orge environ.

L'hectare de blé, après prélèvement de 1/20ᵉ pour la semence, rend en moyenne 8 quintaux. Les conditions sont les mêmes pour l'orge.

Un laboureur peut cultiver 8 hectares par an. En comptant moitié blé, moitié orge, on a comme production nette 32 quintaux de blé et 32 quintaux d'orge.

Sur quoi, pour la nourriture de la famille, composée de 5 à 6 personnes, il faut prélever 12 quintaux de blé, plus environ 12 quintaux d'orge pour les bêtes de labour, dont moitié seront des chevaux, moitié des bœufs.

Il reste en excédant sur la production, pour la consommation générale :

20 quintaux de blé et 20 quintaux d'orge.

Ce qui, pour satisfaire à une consommation de 100,000 quintaux de chaque espèce, suppose 5,000 laboureurs, ou 25 à 30,000 âmes de population agricole, et la disponibilité de 80,000 hectares, soit en moyenne 16 hectares par laboureur, dont moitié labourable, le reste susceptible de le devenir avec quelque travail.

Il s'agit de trouver cette surface de 80,000 hectares.

Un triangle ayant Oran et Mostaganem pour base, et

Mascara pour sommet, permet de la mesurer largement et dans des circonstances convenables.

Une première zone se circonscrirait ainsi : en partant du littoral à Andalouse, gagner Tenn-Salmet et continuer directement jusqu'au grand lac; tourner à l'Est pour en suivre le bord jusqu'à sa pointe Est; marcher sur la limite des Smélas et des Garabas, la suivre jusqu'au Tlélate, remonter le ruisseau jusqu'à Sidi-Salah; regagner la grande route pour passer entre la forêt et les Hel-el-Aïd; se diriger parallèlement à la Dayt-oum-el-Relaz; se prolonger le long de la saline d'Arzew par son bord Est et par les puits d'El-Hamod; gagner le ravin de Habaït-el-Cadi, pour se fermer au Nord à la Macta, le littoral fermant le polygone.

La surface ainsi enveloppée peut être évaluée de 85 à 90,000 hectares, dont 60,000 labourables ou susceptibles de le devenir.

A Mostaganem, un demi-cercle décrit de Mazagran, avec un rayon de 8 à 10,000 mètres, présente à la colonisation un champ favorable sur une superficie de 6,000 hectares.

Entre Oran et Mostaganem, vers la base du triangle, on trouve de grands marais formés par l'Habra et par le Sig; ils sont la cause d'une insalubrité qui interdit actuellement de coloniser dans leur voisinage. Toutefois, dans la partie supérieure du Sig, une localité s'éloigne assez du foyer des miasmes pour n'en pas craindre les influences : c'est Saint-Denis, dont les terrains environnants ont une contenance de plus de 4,000 hectares dont la presque totalité est arrosable.

D'autres points, sur les routes d'Oran à Mascara, de Mostaganem à Mascara, ceux surtout où ces routes rencontrent des cours d'eau ou des sources abondantes, pourraient servir avantageusement à fonder des centres agricoles; les principaux sont : Ardjat-Bieda, Sidi-Daho, l'Oued-el-Hamman, le Kert, etc. En prenant autour de ces points des rayons de culture, en étendant celui de Mascara selon l'importance actuelle et croissante de cette ville, enfin en recherchant autour de Sidi-bel-Abbès, et sur la ligne qui joint cette localité à Oran, ce qu'il y aurait à faire comme colonie, on arriverait au chiffre de 10,000 hectares de terres labourables, ce qui, ajouté aux précédentes estimations, complète le total de 80,000 hectares précédemment fixé.

Cet aperçu sur la situation des surfaces colonisables indique deux genres de colonisation : dans la zone d'Oran, au Sig, à Mostaganem, c'est d'une *colonisation compacte* dont il s'agit, s'agglomérant pour former des communes, dominant par sa masse le pays arabe fractionné autour d'elle; hors de là, c'est une colonisation par grands villages détachés, protégés par des enceintes plus solides que pour les centres de colonisation compacte, dotés de terrains suffisants par un prélèvement fait sur le territoire de la tribu. Véritables jalons de l'invasion de la population chrétienne, ces villages, placés sur les routes, y feront gîte, bénéficieront des travaux de communications en s'y employant et du mouvement des voyageurs. Au point de vue politique, ils imposeront aux tribus turbulentes, offriront au besoin un point d'appui sous leurs murs aux plus pacifiques, et, par la sécurité dont ils jouiront, donneront la véritable mesure de la soumission qu'il faut obtenir et maintenir partout. Nous appellerons cette colonisation celle des *villages routiers* : elle sera l'objet d'un appendice à ce travail.

ÉTUDE SUCCESSIVE DES ZONES

DÉSIGNÉES POUR LA COLONISATION COMPACTE.

Iʳᵉ zone. Elle a été indiquée : le plan en précise les limites; de plus les divisions principales de cette zone, selon le genre de propriété, ont été marquées par des couleurs distinctes.

Les territoires civils ont été entourés par un relèvement de teinte violette sur leur contour.

Les territoires possédés par les tribus sur des titres réguliers et les propriétés particulières ont reçu une teinte rose.

Les territoires des tribus existant comme usufruitières sur le sol où l'État leur a permis de s'établir, sans pouvoir aliéner (condition désignée par le nom de *Sabega)*, ont conservé la *teinte du papier.*

Les propriétés de l'État, soit à titre d'héritage des Turcs, soit à titre de confiscation ou d'extinction de familles, sont couvertes d'une *teinte jaune.*

Les forêts dont l'État doit se réserver en tout ou partie la propriété ont été teintées en vert.

DES TERRITOIRES CIVILS.

Oran est entouré d'un territoire civilement administré, dont l'étendue a été fixée en 1843. Sa surface est de seize lieues carrées ou de 25,000 hectares environ.

Autour d'Arzew, la commission consultative a proposé et fait réaliser l'acquisition d'un territoire pour le centre de population déjà existant : une transaction avec un détenteur particulier a rendu cette opération facile.

Il n'y a pas à entrer dans les détails sur ces territoires acquis à la colonie, si ce n'est peut-être pour rappeler les conditions de leur constitution.

Autour d'Oran, les Turcs s'étaient réservé près d'eux des espaces où campaient des douars isolés ou appartenant à des tribus ayant certaines attributions dans la constitution du gouvernement du bey : c'étaient, par exemple, les courriers, les gardiens de troupeaux, ceux qui étaient chargés de soigner les bêtes de somme du beylik, de les conduire dans les expéditions, etc. La chute des Turcs, les événements qui ont succédé, détruisirent cette organisation, et la terre resta libre : c'est ainsi que nous avons trouvé la vacance des emplacements de Sidi-Chaami, de Sidi-Marouf. Le bassin de Mers-el-Kébir, aujourd'hui contesté, dépendait du beylik, à titre d'apanage des officiers de la milice turque qui résidaient à Mers-el-Kébir. Ailleurs, comme dans la plaine d'Andalouse, comme au Figuier et à Miserghin, c'étaient des terres réservées par l'État pour des cultures et qui nous sont revenues. Les espaces intermédiaires étaient remplis, 1° par des propriétés collectives, telles que la terre des Zmélas, qui s'étend le long du lac, entre Miserghin, le Figuier et la Sénia, dont le territoire résulte même d'une acquisition faite sur la terre des Zmélas; 2° par des propriétés particulières. Mais nulle part n'existait la tribu constituée, ayant ses droits d'habitation, d'usufruit ou autres, tels qu'ils existent partout ailleurs et tels que nous les avons reconnus chaque fois que nous avons accepté une soumission, sans faire de restriction sur ce qu'avait consacré le régime turc, que nous invoquions d'ailleurs comme base de départ pour un ordre régulier.

Ce qui fut donc tout simple autour d'Oran, la disposition d'un premier territoire pour *l'élément colonial*, devient plus compliqué, lorsqu'il réclame la place de la tribu et qu'il doit y avoir pour celle-ci, selon sa densité, resserrement sur une portion de son territoire ou translation sur un territoire nouveau. Chacune de ces nécessités exige une appréciation exacte de l'état des lieux et des données sommaires de statistique qui s'y rapportent; la 2ᵉ appelle le choix du territoire nouveau à occuper.

On conçoit aisément que, dans une question si compliquée par les divers modes de posséder, par l'impérieuse obligation de faire à la tribu des conditions acceptables dans les déplacements qu'elle devra subir, il est indispensable que l'intervention de l'État ait seul accès, qu'elle exclue la spéculation particulière, qui ne produirait que l'agiotage et la désorganisation des populations, avec toutes ses graves conséquences. Il y a donc à observer rigoureusement ce principe, qu'*en dehors des limites du territoire civil, tous les territoires destinés à la colonisation devront faire retour au domaine de l'État, quelle que soit leur origine, pour être répartis par lui à un titre uniforme entre les colons.*

Ce préambule expliquera la nature minutieuse et spéciale de la reconnaissance qui va suivre.

Terres du beylik.

Elles proviennent généralement du beylik des Turcs, par suite de réserves des localités arrosables ou particulièrement fertiles faites par les beys, qui y plaçaient leurs serviteurs, les faisaient cultiver directement, ou les donnaient comme apanages à certains dignitaires. A ces terres se rattachent les terres confisquées et celles dont les détenteurs s'éteignent sans successeurs.

Terre des Ferragas.

Elle ne figurera ici que pour mémoire ; elle est comprise dans la circonscription civile, qu'elle déborde cependant dans sa partie Est, près de Sidi-Marouf et de Sidi-Chami.

Terre de Si-el-Madani.

Elle formait le territoire d'un petit douar des Garabas, qui, ainsi que cela a lieu pour la tribu entière, en avait l'usufruit, le fonds inaliénable appartenant à l'État. Ce douar a disparu par extinctions, et l'État se trouve reprendre la disponibilité de la terre. Son extrémité N. est marquée par deux petits relèvements, dont l'un s'appelle Smara ; à l'Est elle touche la route d'Oran au Tlélate : sa surface, qui a la forme d'un trapèze, est de 45 hectares; le sol est très-fertile; les puits de Tnesat, dont l'eau est bonne et abondante, sont à 1,200 mètres dans le S. E.

Terre du Tlélate.

Elle est située au N. de la route d'Oran à Mascara, sur la rive gauche du Tlélate, au S. de la Daya des Mahmid ; elle était un des apanages du kalifa du Cheurg : actuellement elle est envahie par les fractions limitrophes des Garabas : sa surface est de 600 hectares, arrosables par le Tlélate, au moins pendant les mois de printemps. Le terrain est excellent; la production est annuelle, soit en blé, soit

en orge. Le système général d'irrigation laisse péu à désirer :
il faudrait y poser quelques vannes pour modérer le débit
des eaux. Avant tout, il faudrait faire au Tlélate un petit
canal latéral sur la rive droite, à partir des deux marabouts
des Sidi Larbi Berafor; il éviterait l'absorption des eaux
dans le lit du ruisseau, dont le fond est mêlé de pierres et
de sable.

On aurait ainsi de quoi arroser, même pendant l'été. La
localité est fiévreuse par le voisinage de 3 lacs ou bassins,
dont le principal est le Dayt-oum-el-Relaz, où le Tlélate
porte l'excédant de ses eaux, avant d'aller-se déverser dans
le grand lac d'Oran, qu'il n'atteint que par les grandes
pluies d'hiver. L'insalubrité varie avec l'époque du desséchement des bassins. On pourrait jeter au grand lac toutes
les eaux du Tlélate pour les empêcher de remplir ces bassins; il faudrait lui faire un lit : d'ailleurs, l'insalubrité n'est
pas telle, qu'elle doive faire renoncer à profiter d'un sol
si riche. Il est complétement disponible.

Terre d'Ali-ben-Ferrag et de Chigr-Bou-Alem..

Elle est située sur la rive droite du Tlélate, à 1,000 mètres
au-dessous du passage de la route d'Oran à Mascara.

La jouissance de cette terre fut concédée autrefois par
le bey Hassen à Ali ben Ferrag, qui était bach-seir (chef
des courriers), et à Chiqr Bou Alem, qui était kodja. Ils
prirent des fermiers chez les Hadaïda (fraction des Garabas) : ceux-ci ont continué à cultiver pour leur compte
cette propriété, qui doit faire retour à l'État; elle est limitée au N.-E. par le chemin d'Oran à Mascara, par Assi
Moussa Touïl; au S.-O. elle touche la rivière. Elle forme

à peu près un trapèze, dont la surface est de 150 hectares.

Cette terre n'est arrosable que dans sa partie inférieure. Elle est dans de très-bonnes conditions de production. L'usurpation faite par les Hadaïda ne leur constitue aucun droit d'indemnité.

Terre de Dayt-Turhia.

Cette terre, qui était occupée par les Raznadjias du bey, est située sur le chemin de Sidi-Chami à Bou-Fatis : elle touche la route et s'élève jusqu'aux collines du S. Elle n'est pas arrosable. Les parties inférieures en sont fertiles ; mais, faute de culture, les broussailles et le palmier nain commencent à les envahir. Elle a près de 800 hectares de surface : les puits de Bou-Fatis sont à 2,500 mètres de sa partie centrale.

Terre de Toumiat.

Elle est située à l'Est de Dayt-Oum-el-Relaz : sa limite nord est marquée par le pied des grandes collines qui s'abaissent du Karkour de Sidi-Lakdar. Elle était occupée par les Ferragas et a été évacuée par eux au moment de la chute du pouvoir turc ; ils retournèrent à leur tribu, fixée entre le Sig et l'Oued-el-Hammam, décidés dans cette démarche par les fractions des Garabas qui les environnaient et qui s'attribuèrent la jouissance de ce domaine. L'émir, qui avait besoin des Garabas, qui étaient ses avant-postes en face de nous, ne les gêna jamais dans leurs empiétements, tandis qu'il les empêchait partout ailleurs.

Le terrain à Toumiat est fertile ; quelques portions en sont cultivées, mais en général les broussailles l'envahissent, et en beaucoup de points il faudra défricher pour mettre en culture. La surface de cette terre est de 120 hectares environ; elle n'a d'eau que par une mare située près de Sidi-Lakdar et qui tarit à la fin de l'été : alors il faut aller chercher de l'eau à Bou-Fatis ou à Assi-Moussa-Touil. Deux puits ont été essayés sur la limite sud de ce domaine, mais ils n'ont pas été creusés à une profondeur notable.

Terre des Sahilia.

Elle vient d'être acquise à l'État par les dispositions de l'arrêté du 18 avril 1846. C'était un Mecheta des Garabas. Ben-Yagoub, qui en était le détenteur, a émigré au mois d'octobre dernier, s'est rendu à la daïra et depuis a suivi l'émir dans ses incursions en Algérie. Ce Mecheta se divise en deux parties : l'une, située sur la zone de colonisation d'Oran, a pour limite au N.-E. le chemin d'Oran à Mascara par Assi-el-Bied et Assi-Moussa-Touil ; Sid-Jera-Maara en marque l'extrémité Nord. Le plan complétera cette indication. La surface de cette première partie, qui offre beaucoup de bonnes terres, est de 650 hectares ; l'autre, limitrophe aux Oulad-Ali, en dehors de la zone proposée, a une surface à peu près égale : elle est également fertile. Elle pourra être affectée, soit à des locations, soit à des échanges. Sur chaque Mecheta, il reste un douar, en totalité 40 tentes. Il est indispensable qu'elles subissent les conséquences de la désertion de leur chef; autrement le but de l'arrêté serait sans effet.

Ces deux douars, à l'avenir, seront soumis, pour leurs cultures, à la condition naturelle de payer à l'État le loyer de la terre sur laquelle ils seront établis par lui, sans préjudice du payement des autres impôts.

Les terres du beylik de la zone colonisable d'Oran se résument ainsi :

Terre de Si-el-Madani............... 45 hectares.
— du Tlélate.................... 600
— d'Ali-ben-Ferrag et Chiqr-Bou-Alem. 150
— de Dayt-Turkia................ 800
— de Toumiat................... 120
— des Sahilia (comprise dans la zone). 650

Total..... 2,365 hectares.

TRIBUS PROPRIÉTAIRES DU SOL QU'ELLES OCCUPENT.

PROPRIÉTÉS PARTICULIÈRES DANS LA ZONE COLONISABLE D'ORAN.

(Cette nature de propriété est caractérisée par la dénomination de Melk.)

Christels.

Cette tribu, formée de la réunion de gens venus des différentes villes de la province, présente un titre très-régulier qui délimite son territoire, et en justifie l'acquisition au prix de 1,000 dinars d'or (le dinar valant 2 douros d'Espagne), soit 12,000 francs (ancienne valeur). Le vendeur fut le bey Mohamed-el-Kébir. Le plan présente les limites de ce territoire, dont la surface est de 6 lieues carrées ou de 9,600 hectares. Son aspect et sa nature sout très-variés ; au bord de la mer, sous un long arrachement parallèle au rivage et dans la partie Nord de son abaissement, s'étendent de beaux jardins arrosés par deux sources, dont l'une est très abondante. Les jardins ont une surface de 50 hectares ils sont plantés d'arbres fruitiers. On y cultive avec succès le *henné*. Entre les jardins et la montagne est le village de Christel. Il compte 62 familles; c'est la population de la tribu. Quelques Espagnols, amenés sur ce point comme ouvriers dans une entreprise de sparterie, y sont actuellement fixés avec leurs femmes et leurs enfants. Une location de jardin a été faite à l'un d'eux par les indigènes. Au nord de Christel, à une demi-lieue, on trouve une petite source ferrugineuse, Aïn-Defla, dont les eaux sont tièdes; au côté opposé, au sud, à 2 lieues le long du rivage, est une autre source, Aïn-Feranin; elle marque un point de la limite : elle arrosait un jardin; elle pourrait être utilisée avec quelques soins. La montagne des Lions s'élève au-dessus d'Aïn-Feranin : elle marque un point de la limite. Ses versants sont boisés en buissons épineux, lentisques et chênes verts, qui sont très-riches en kermès. Azelef présente une source d'une certaine importance. Touirès désigne un beau bassin de terres fertiles. Entre Touirès, Télamine et Assi-Mefessour s'étend une plaine dont Gudyeil occupe le centre. Le fond en est très-riche ; une grande partie a été envahie par les palmiers nains et les broussailles; la source de Gudyeil, obstruée par les boues où piétinent chaque jour les bestiaux, serait susceptible, avec quelques travaux, de donner des irrigations jusque dans la plaine. A Tazout, on trouve des terrains humides où il suffit de faire une excavation pour avoir de l'eau; de belles terres légèrement sablonneuses s'étendent de Tazout vers Tafren; au N.-E. de Tazout, le Djebel-Manissat présente à sa crête de grands accidents rocheux : ses pentes, peu accessibles, sont couvertes de broussailles ; on y signale sur plusieurs points la présence du minerai de fer. En considérant attentivement la nature du terrain, on peut assurer que le territoire de Christel offre actuellement un cinquième de sa surface au moins, soit 2,000 hectares, tout préparé à la culture des céréales : avec des défrichements assez faciles on arriverait au chiffre de 6,000 hectares. Il existe dans le surplus des lieux très-favorables à la plantation des vignes ; la partie boisée pourrait être améliorée ou continuer à servir comme pâturages.

La population s'élève, ainsi qu'il a été dit, à 62 familles, c'est-à-dire à 360 individus ; la surface du territoire est de 6 lieues carrées, ce qui donne 60 individus par lieue carrée. Christel cultive en céréales 180 hectares. La relation entre la surface disponible et le nombre d'habitants, l'étendue restreinte des cultures, expliquent comment ce territoire, malgré son appartenance régulière, a été envahi à Gudyeil, à Mefessour, par les limitrophes, qui, en assumant la responsabilité des événements qui se produiraient sur la route ou dans les environs (ce dont ne pouvaient se charger les gens de Christel), jouirent à leur aise, chez ces derniers, de terrains fertiles et d'eaux abondantes. C'est le fait des Oulad-Sidi-Mansour (Garabas) à Gudyeil et d'un douar de Bou-Relrab des Ahmian'a-Mefessour. Ils ne peuvent d'ailleurs justifier aucun droit par un titre, et ils ne sont, ni les uns ni les autres, admissibles dans les prétentions qu'ils pourraient élever pour ne pas vider les lieux qu'ils habitent, lorsqu'il y aura lieu d'en disposer.

4

Propriété particulière de Bel-Gaïd, cadi d'Oran.

L'origine de cette propriété remonte au moment où les Espagnols sortirent d'Oran ; le bey Mohammed-el-Kébir fit alors des dons de terrain sur ce qui venait de lui échoir par cette circonstance. Un nommé Mustafa-ben-Nioub reçut en partage tout ce qui entoure le port d'Arzew, en partant de Mers-Chcher, pour se diriger au sud jusqu'à l'Oued-Chemmaar, dont la limite suit le cours pour se diriger ensuite sur l'Oued-Tesmamid au point où il sort des collines, le cours de ce ruisseau jusqu'à la mer formant le polygone. Cette vaste propriété, transmise à des héritiers, a été achetée en 1845 par Si-ben-Gaïd, cadi d'Oran ; il en a revendu presque immédiatement le tiers à l'État, ce qui a constitué le territoire d'Arzew. Il en reste encore entre ses mains 1,000 à 1,200 hectares, dont il est disposé à se défaire. Cette dernière partie est assez mauvaise et nulle pour la culture des céréales ; peut-être pourrait-on y planter des vignes. Il ne faut pas compter sur ce point plus de 600 hectares labourables, Arzew compris.

Terre de Bou-Médian-ben-Ismaël.

Elle s'étend à l'ouest de la route d'Oran à Mascara, par le Figuier, et se termine à Dika ; elle appartient par héritage au neveu de l'aga Mustafa-ben-Ismaël-Bou-Médian-ben-Ismaël ; il en a déjà vendu une partie : la partie sud est encore entre ses mains : on le dit disposé à s'en défaire. La surface de cette terre, qui est d'une grande fertilité, pourrait avoir de surface totale 450 à 500 hectares.

Terre des Asamnias.

Elle est située entre la terre du beylik d'El-Kerma et les Sahilia; Assi-el-Biad en fait partie. La possession est constatée par un titre régulier qui existe entre les mains du khalifa de Mascara, Si-Brahim; il la tient de son père, le bey Osman. Cette terre est comprise aux 3/4 dans le territoire civilement administré, où le détenteur jouit paisiblement de ses droits. Il a pour colons partiaires un douar originaire des Garabas, qui cultive sur une portion de la terre et fait valoir l'autre pour le khalifa. Cette terre supporte les impôts ordinaires de l'achour et de la zekkat; la surface extérieure au territoire civil est d'environ 350 hectares.

Outre les puits d'El-Biad, dont deux donnent de l'eau potable, il existe encore un bon puits près de l'Assi-Bou-Nefad.

RÉCAPITULATION SOMMAIRE DES TERRITOIRES ET TERRAINS MELK
AVEC LEURS SURFACES.

Christels... 9,600 h.
Propriété de Bel-Gaïd........................... 1,000
Propriété de Bou-Médian-ben-Ismaël............ 450
Terre des Asamnias (hors du territoire civil)..... 350

TOTAL........ 11,400 hectares.

TERRITOIRES DES TRIBUS

EXISTANT COMME USUFRUITIÈRES SUR LE SOL OÙ L'ÉTAT LEUR A PERMIS
DE S'INSTALLER SANS POUVOIR ALIÉNER.

(Le mot de *Sabega* désigne la condition d'une terre ainsi occupée.)

_ Bétéoua.

Cette tribu est originaire du Maroc, de la côte du Rif;
elle s'était fixée à Chguiga, près de Mazagran. Le bey
Mohamed-el-Kébir, ayant voulu disposer de cette localité,
transporta les Bétéouas sur les ruines d'Arzew; il leur assigna
un territoire limité comme il est indiqué sur le plan, mais
sans leur en conférer la propriété. — Dans cette nouvelle
position, les Bétéouas se partagèrent des terres, firent des
jardins et bâtirent des maisons. Pendant nos années de
guerre, ils ont dû tout abandonner. Une partie, enlevée par
l'émir, a servi à peupler Tagdemt; une autre regagna Mazagran ; beaucoup s'en allèrent isolément habiter les villes.—
Ralliés en partie, ils comptent aujourd'hui 64 familles et
cultivent approximativement 380 hectares de terre; leur
territoire a une surface de 2 lieues et 1/2 carrées, soit de
4,000 hectares, dont plus de moitié en bonnes terres : le
reste, couvert de brousssailles, est susceptible d'être défriché. C'est une moyenne de 125 habitants par lieue carrée
et 1/10e de la surface mis en valeur. Le village de Bétéoua
a 2 puits au pied de la colline sur laquelle il est construit :
l'un, plus profond, mais de meilleure eau, existe près de la
mosquée. Dans le prolongement de la colline qui limite au
sud la petite plaine qui s'étend le long de la mer, entre
Bétéoua et Arzew, on trouve, en trois points différents, des

sources, dont deux, celles de Chabat-el-Ray et de Tesmamid, ont une réelle importance. Dans la partie Est, il n'existe ni source ni puits, et la Macta, à son embouchure, est presque toujours salée.

Ahmian.

Le territoire d'Ahmian s'étend du cap de l'Aiguille aux marais de la Macta, de l'Ouest à l'Est. Il a la forme générale d'un 8; sa surface est de 16 lieues environ ou de 25 à 26,000 hectares, dont actuellement les 10/11es sont couverts de broussailles. Cependant, plus de la moitié des terres sont dans de bonnes conditions de fécondité, si on les défrichait. Le bord de la mer, qui est très-accidenté du côté de Djebel bou-Arous, conviendrait bien pour des vignes. Plus à l'Est, les oliviers réussiraient; au centre, il existe d'excellentes terres. Les eaux y sont bien réparties. La partie de l'Est, vers la Macta, est dans de moins bonnes conditions; les eaux y sont rares; par suite, l'habitation plus difficile; les parties voisines du marais sont, en outre, malsaines.

La concession usufruitière en a été faite aux Ahmian sans leur demander de rétribution particulière, et sans priviléges d'exemption d'impôts. Cette disposition traditionnelle est fort ancienne : aucun titre ne vient l'infirmer.

Les Ahmian vivent sous la tente; ils sont installés par Mecheta : chaque chef de famille dans le principe a été appelé à recevoir sur la concession totale une certaine surface délimitée pour lui et pour ceux qui se rattachaient à lui comme parents ou serviteurs. Cette organisation a subsisté jusqu'à nous sans modifications.

On compte 12 Mecheta, dont suit l'état :

	NOMBRE de tentes.	TERRES cultivées.
Mecheta Ben Aïsa-ben-Della...............	15	56 h.
———— Beb-Aiad.....................	17	70
———— Ali-ben-Youb..................	11	60
———— Bou-Relrab....................	7	30
———— Ben-Reir-Ould-Amer............	9	18
———— Brahim-ben-Chourach...........	44	180
———— Ben-Nekka....................	18	72
———— Ben-Assani...................	18	50
———— Mahmid......................	8	60
———— El-Gueramin.................	30	120
———— Adda-beu-Begrit..............	22	44
———— El-Megraïa..................	12	70
TOTAL..........	211	830

Ce qui correspond pour la population à 1,266 individus et pour les terres cultivées à 830 hectares.

D'où il résulte que la densité de la population est de 80 individus par lieue carrée,

El la culture dans la proportion de 1/31 de la surface.

Comme productions particulières, on trouve dans la partie de l'Ouest boisée en chênes verts beaucoup de kermès, et une plante appelée *melrata*, dont les feuilles donnent par infusion une liqueur qui sert à teindre en jaune les cuirs des pantoufles en usage dans le pays.

Il y a à signaler ici une prétention dont une portion du territoire des Ahmian, le Mecheta de Megraïa, est l'objet de la part des Bétéouas; ceux-ci en ayant eu la jouissance pendant quatre années sous le bey Hassen, disent en être propriétaires, ce dont ferait foi l'acte d'un cadi. Cet acte, emporté au Maroc par un nommé Si-Mohamed-Bagrdad, n'a pas été représenté.

Garabas (proprement dits).

Le territoire de cette tribu, qui de la rive gauche du Sig traverse le Tlélate et s'étend jusqu'auprès d'Oran, est Sabéga sans exception; nous n'en examinerons que la partie comprise dans la circonscription de la zone proposée autour d'Oran.

La terre, chez les Garabas, se divise en Mechetas, qui portent chacun le nom du chef de famille auquel il a été donné primitivement, et aussi souvent le nom du détenteur actuel; dans certains cas, le Mecheta se trouve se composer de deux parties séparées, ce qui, au moment du partage, fut fait dans le but de répartir les pâturages et les terres labourables d'une manière équitable. Cette observation est nécessaire pour l'intelligence du plan.

La nature du pays des Garabas, dans la partie que nous considérons, est d'ailleurs très-variable. Les pentes des grandes collines sont boisées en broussailles; dans tout le N.-E. elles descendent rapidement vers les fonds pour envahir les terres labourables. La région la plus fertile et la mieux cultivée avoisine le Tlélate et Tnésat.

MECHETA DES GARABAS

COMPRIS DANS LA ZONE DE COLONISATION D'ORAN.

NOMS des mecheta.	POINT CENTRAL de chaque mecheta.	TENTES par douar.	SURFACES cultivées.
El-Féranin.......	A Azelef...............	3	8 h.
Id.(mecheta double)	Sur le Tlelate, vis-à-vis Sidi-bel-Reir...............	18	64
Hel-ben-Sabeur...	A Assi-Sidi-Ali...........	3	8
Idem..........	Au Tlelate, au N. de la grande route d'Oran...........	5	24
El-Menasia.......	A Assi-ben-Okba..........	56	140
Idem...........	Pointe O. de Dayt-Oum-el-Relaz...............	"	"
O-Mesaoud.......	A l'O. de la saline d'Arzew, à Hadja-Reira (puits)......	62	160
El-Refafra.......	A Assi-Bezia (sans eau).....	6	18
Jardin des Refafra.	Près du Tlelate, au S. de la route d'Oran par Assi-Moussa-Touil..........	"	"
Ben-Guermoud et Medjeari.......	A Assi-ben-Fereah........	30	70
Rebaia..........	A Chaab-Telasi...........	"	"
Idem...........	A Assian-Tnesat..........	42	135
Debboui.........	A Dar-Debbi............	11	47
Heb-bou-Redimi (Ahmed-bou-Redimi et Adida réunis)	A Dayt-Oum-el-Relaz.......	55	149
Hel-el-Ameur.....	A Assi-Ameur...........	12	38
Idem............	Pointe E. de Dayt-Oum-el-Relaz...............	"	"
El-Selatena......	Pointe S. O. des salines.....	46	150
Oulad-Sidi-Manfour	A Telamine............	49	280
Oulad-Sidi-el-Bechir ben-Yagoub.....	Au S. de Dayt-Oum-el-Relaz..	14	150
El-Ararchas......	A Assi-ben-Enda..........	12	54
Idem...........	Plaine du Tlelate, route d'Assi-Mousa-Touil..........	"	"
A REPORTER........		424	1,495

NOMS des mecheta.	POINT CENTRAL de chaque mecheta.	TENTES par douar.	SURFACES cultivées.
	REPORT............	424	1,495 h.
Hel-el-Aid.......	Bord S. de Dayt, Oum-el-Relaz à Saridj-bou-Gedra.......	24	72
Hel-Aïssa........	A l'O. de la Daya des Mahmid.	12	40
Dahsa...........	A Chabat-el-Bia...........	10	25
Idem...........	A Chabat-bou-Fouka........		
Mahmid........	Daya des Mahmid........	12	72
El-Haouaret......	....	25	60
Touama........	Environs des puits de Tnesat.	10	20
Hel-Semeyly.....	Entre Tnesat et le Tlelate...	14	56
El-Refafra.......	Sur le Tlelate, près de la terre du Beylik au S...........	22	65
Aalemia.........	Dans la plaine du Tlelate...	*//*	*//*
(Parenté de Labib-bou-Alem.......	Le long de la route d'Oran à Mascara, au N. de la route.	*//*	*//*
	TOTAUX..........	553	1,905 h.

Le chiffre de 553 tentes correspond à une population de 3,318 individus.

La surface totale du terrain des divers Mechetas énoncés est de 16 à 17 lieues carrées, 27,000 hectares environ, d'où il résulte que la population par lieue carrée est de 207 individus, et que le rapport de la terre cultivée est de 1/14 avec la surface totale.

RÉSUMÉ DES TERRITOIRES SABEGA.

Beteouas .... 4,000 hectares.
Ahmian 25,000
Garabas 27,000
TOTAL....... 56,000

NOTE SUPPLÉMENTAIRE.

La direction donnée à la limite, en la faisant partir d'Andalouse pour aller joindre le lac par Temsalmet, embrasse,
à l'ouest du territoire d'Oran, une surface de 5 lieues et
1/2 carrées, soit environ 8,000 hectares, disponibles pour
la colonisation. Les points principaux qui s'y trouvent sont
Iefry et Sidi-ben-Aïssi : le premier est sabega, le second melk;
de part et d'autre il y a de l'eau, mais elle est beaucoup plus
abondante à Sidi-ben-Aïssi, où les terres de jardin et de
culture ont plus d'étendue. Dans son voisinage, à l'est, on
trouve encore une petite plaine, ordinairement cultivée en
céréales. Plusieurs sources coulent sur le versant de la crête
qui s'étend entre Iefry et Sidi-ben-Aïssi. Le reste du pays
est boisé en fortes broussailles et en arbres épineux.

RÉCAPITULATION DES TERRES

DISPONIBLES AUX DIVERS TITRES DE POSSESSION.

Territoire civil.......................	25,000 hectares.
Territoire d'Arzew (environs)..........	1,000
Terres du beylik	2,365
Terrains melk (tribus et particuliers)	11,400
Territoires sabega	56,000
Terrain désigné par la note supplémentaire	8,000
TOTAL.....	93,765

Ce qui excède l'estimation provisoire préalable la plus
élevée de près de 4,000 hectares.

Telle est la statistique sommaire de la propriété, des populations et des cultures dans la zone qu'on se propose de coloniser autour d'Oran.

La facilité avec laquelle les limites territoriales ont été précisées sur tous les points répond suffisamment à ces préoccupations, souvent exprimées, du besoin de régler la propriété du sol chez les Arabes. Lorsque, par exception, les conditions des possessions de tel ou tel lieu ont pu présenter de l'incertitude, c'est que les détenteurs étaient intéressés à faire perdre la trace de quelque usurpation sur la domaine de l'État.

En examinant le territoire de chaque tribu, on a pu apprécier le degré d'abandon dans lequel il se trouve ; les voies de communications principales ne sont que des sentiers étroits, résultant seulement du parcours, souvent obstrués de broussailles ou interceptés par des ravines. Les sources accessibles aux bestiaux sont des bourbiers. L'eau des puits est corrompue par tout ce que l'incurie des Arabes y laisse tomber et séjourner. Autour de la plupart de ces puits, des trous en terre servent d'auge pour abreuver les troupeaux. Ces trous finissent par former des mares infectes, dont les infiltrations délayent la terre ou la maçonnerie de la paroi intérieure du puits, jusqu'à ce qu'un éboulement s'en suive. Ces accidents d'ailleurs ne déterminent pas le douar ou la tribu à entreprendre quelques réparations ; elle ira plutôt à 3 lieues plus loin chercher l'eau qui lui est nécessaire.

Dans le centre de la zone, les Oulad-Sidi-Manfour ont un pays actuellement sans eau. Cette circonstance les gêne beaucoup pour cultiver leurs terres qui entourent Télamine. Ils savent cependant qu'un ruisseau souterrain passe à

12 mètres au plus au-dessous de la surface du sol; que jadis il a même donné, au moyen de norias, des irrigations importantes. Voici, d'ailleurs, quel est l'état des lieux : en un endroit dit Assi-Chefafra, à l'est de Télamine, dans un affaissement de terrain cylindrique de 6 mètres de profondeur et de 10 mètres de diamètre à son orifice, il existe un trou par lequel un homme peut se glisser : par là, à 2 mètres plus bas, il arrive au bord d'un conduit naturel de 1 mètre de largeur, profond de 2 mètres, au fond duquel l'eau coule avec bruit du sud au nord. Elle a une salure franche, mais qui n'empêche pas de la boire : la preuve, c'est qu'à grand' peine on y vient remplir quelques outres. Cependant les Oulad-Sidi-Mansour n'ont point trouvé entre eux l'accord, la direction et l'énergie nécessaires pour entreprendre les travaux à faire pour bénéficier d'une si précieuse ressource. Cette inertie, cette incapacité est générale dans la race arabe de toute la province. Il lui reste encore pour les irrigations un peu de ces instincts qui lui acquirent une véritable célébrité; mais, même dans ce genre, elle ne saurait entreprendre actuellement un travail tant soit peu considérable, moins encore en régler les effets.

Si l'on jette les yeux sur les cultures, on voit combien la terre offre de facilités au travail de l'homme et combien celui-ci, trop clair-semé sur sa surface, la néglige. Disposant de grands espaces, il choisit les plus favorables et se retire avec insouciance devant l'invasion des bois sur le sol destiné à la charrue; chaque jour les friches augmentent. Cependant le nombre de troupeaux de la tribu ne permet pas que la terre devienne une forêt; les incendies en font justice, et la vaine pâture achève de réduire à l'état de broussailles toute végétation.

Telle est la situation : il était important de la constater surtout au point de vue des désintéressements à donner aux éléments de la population indigène, lorsqu'on devra les déplacer. Ces déplacements ne dateront pas certainement du même jour; il est de notre intérêt de les rendre successifs au fur et à mesure des besoins : agir autrement, serait rendre complet cet état d'abandon du sol déjà si avancé et dont nous venons de constater les funestes effets. Toutefois, tandis que ce mouvement d'évacuation graduelle s'opérera, la colonie aura déjà marqué ses progrès d'invasion ; les travaux que l'État entreprendra pour faciliter le développement de celle-ci, les routes, la multiplication des puits, l'aménagement des fontaines, les travaux d'irrigation, les desséchements, etc., auront renouvelé la face du pays et donné à distance une augmentation de valeur à la terre. Cette augmentation serait-elle la base sur laquelle on devrait traiter ultérieurement de la cession du territoire avec les détenteurs actuels ? Ce serait assurément les faire bénéficier d'améliorations auxquelles ils n'auront pas concouru. Il rentre donc dans les règles exactes de la justice de baser les compensations à donner à l'avenir sur l'état actuel, qui ne changerait pas si le pays restait livré aux mains dont nous le reprenons.

La condition des déplacements successifs a été invoquée comme nécessaire pour empêcher le sol de tomber entièrement en friche ; il est un autre motif pour qu'il en soit ainsi : celui de conserver sur la terre, jusqu'à ce qu'on l'occupe, une population qui assume la responsabilité des événements, meurtres ou vols, qui pourraient s'y produire. Le vide, à cet égard, est la pire de toutes les situations : car dès lors la répression devient presque impossible; du reste, il ne faut pas le méconnaître, dans la transition de l'état actuel à l'état indiqué, le voisinage des tribus est une chose à rechercher : leurs bestiaux, leurs transports, leurs produits divers, nous seront longtemps d'une utilité incontestable. Il faut s'en assurer la disposition, et, pour cela, apporter la plus grande attention à ce que nos progrès soient réguliers, à ce qu'ils ne désorganisent pas l'élément indigène. Le maintien de sa constitution rendra d'ailleurs plus facile la surveillance que nous devons exercer sur ses dispositions, dont nous ne pouvons méconnaître l'hostilité et contre lesquelles il faut toujours être en garde. D'autre part, il n'y a pas à craindre la gêne de son rapprochement : il ne passera pas certaines limites : l'expérience ne nous montre-t-elle pas partout les tribus faisant retraite devant la colonie? La fusion entre le chrétien et le musulman n'arrivera jamais : il faudrait de la part de celui-ci une abjuration impossible. Il ne peut être que dominé ou révolté [1].

QUESTION DES DÉPLACEMENTS

À EFFECTUER POUR ASSURER LA DISPONIBILITÉ DE LA ZONE À COLONISER AUTOUR D'ORAN.

Lorsque, dans cette zone, nous avons comparé le faible chiffre des populations avec la surface considérable des territoires qui leur sont attribués (Melk ou Sabega), nous

---

[1] Cette opinion, ainsi que quelques autres du présent mémoire, bien que généralement vraie, est néanmoins trop absolue, même pour la province d'Oran.

avons eu lieu de signaler les conséquences désavantageuses
de cette disproportion. Elle existe pour presque toutes les
tribus de la province. Une combinaison s'offre pour y remé-
dier. Elle consiste à condenser la population de telle tribu
sur une portion de son territoire, en appelant sur l'autre
portion une population nouvelle prise, soit dans celles qui
doivent successivement faire place à la colonie, soit dans
l'élément colonial lui-même, lorsqu'il s'agira par exemple
de la colonisation routière.

L'application de ce principe par l'État dans les conditions
de rareté de la population assurera une disponibilité prolongée de terrains à la colonie. Dans les déplacements, il
est bien évident, d'après ce qui vient d'être dit, qu'il ne
sera pas donné aux intéressés dans leur nouvelle installation
des surfaces égales à celles qu'ils occupaient, mais bien des
surfaces réglées d'après leur force numérique, combinée
avec les conditions statistiques dans lesquelles ils se trouvent, ce calcul sera facile.

Nous disons que cette disposition doit s'appliquer aux
terrains Melk et Sabega. Pour les premiers, il y aura lieu
à faire une expropriation; pour les autres, il n'y a que les
impenses dont il faudra tenir compte pour donner des désintéressements équivalents.

Dans le cas particulier qui nous occupe, l'émigration
d'une partie des Beni-Ahmers-Cheragas en faisant rentrer
la plus grande partie de leur territoire au domaine de
l'État, offre pour les déplacements à faire une surface étendue. Elle dispensera de recourir au moyen général indiqué.
La possibilité d'en disposer exige toutefois quelques développements.

Le territoire vacant appartient aux fractions suivantes des Beni-Ahmers-Cheragas, dont nous donnerons en même temps la situation des populations au 11 mai de cette année.

DÉSIGNATION des fractions.	NOMBRE de tentes avant l'insurrect°n.	NOMBRE actuel.	TENTES absentes [au Maroc].
Oulad-Ali................	815	810	5
Hazedj..................	792	93	699
Hassasna................	131	60	71
Oulad-Sidi-Brahim........	98	48	50
Oulad-Sidi-Raled..........	116	//	116
Oulad-Sidi-Ali-ben-Youb.....	//	//	//
Totaux......	1,952	1,011	941

La surface du territoire de ces diverses fractions est approximativement de 65 lieues carrées.

Celui des Hazedj y figure pour près de 1/3, soit pour plus de 30,000 hectares; d'ailleurs les terres des Beni-Ahmers-Cheragas comptent parmi les plus fertiles de la province : celle des Hazedj, en particulier, et ces dernières suffiraient seules pour satisfaire au déplacement de la population indigène qui doit évacuer la zone colonisable autour d'Oran, et lui offrir les conditions d'espace, de qualité du sol et de salubrité. Celles de sécurité y seront-elles réunies? Les causes qui préparèrent l'émigration des Beni-Ahmers ne subsistent-elles pas encore? En effet, vis-à-vis du Tessalah, dans le Sud, s'étend une grande région actuellement dépeuplée, vaste forêt par laquelle les bandes des Beni-Matars, des Ouled-Talagr et de tous les Sahariens de l'Ouest dirigent leurs incursions contre le Tell. C'est par là que les fugitifs du pays rentrent pour faire de fréquentes visites ; c'est la route de toutes les influences malsaines qui viennent du Maroc travailler nos tribus du centre ; n'avons-nous pas vu, il y a à peine trois mois, les Douars et les Zmélas, devenus tribus frontières par le départ des Beni-Ahmers, subir des malaises et des incertitudes, trembler dans Meleta et y réclamer l'appui d'un camp ? Un peu plus tard, former eux-mêmes des rassemblements de cavalerie pour couvrir leurs laboureurs à hauteur d'Agbeil ; cependant, quelques semaines après, ils passaient tout d'un coup la montagne et s'avançaient jusque sur le Sarno pour y faire paître leurs troupeaux. Les temps étaient devenus meilleurs, sans doute, mais ils n'eussent eu ces alternatives de terreurs et de confiance si Sidi-Bel-Abbès eût été, ce qu'il deviendra un jour, un centre de population considérable, auquel s'appuiera un maghzen, et où des établissements militaires permanents placeront la réserve des troupes de la division d'Oran. Courte distance de la mer, communications faciles avec Mascara pour l'Est, pour l'Ouest avec Tlemcem, dont la route sur Oran deviendrait plus sûre, moyens d'action plus rapprochés des hauts plateaux et dominant les influences de perturbation, protection plus efficace à l'installation coloniale, tout indique Bel-Abbès, ou tout autre point voisin, comme une position capitale dans l'ensemble des données de notre entreprise. Alors ce qui aura ses embarras dans un avenir rapproché, ce déplacement qui inévitablement devra atteindre, après les Garabas, les Zmelas et les Douars, se fera de lui-même ; donnez à ces tribus un territoire où, dans leur incompatibilité avec nous, elles puissent se retirer devant notre civilisation qui déjà les étouffe, et vous les verrez s'y porter avec empressement. Le développement de Bel-Abbès en est la condition.

CONDITIONS DES DÉPLACEMENTS.

Terres du Beylik.

Une seule, celle des Sahilia, présente une population de 40 tentes. Elle sera comprise dans le mouvement des Garabas, qui sera indiqué ultérieurement. Sa nouvelle situation sera définie.

TERRITOIRES MELK. (Propriétés particulières.)

Christel.

Cette population est sédentaire : elle peut sans inconvénient être enclavée dans le territoire de colonisation ; elle conservera ses habitations, ses jardins avec tous les droits que donne la possession ; ses cultures en céréales sont insignifiantes, cette année même elles ont été faites dans Meleta sur des terres prises à loyer ; les gens de Christel ont une centaine de têtes de bœufs et 3 à 400 moutons. En leur laissant le bord de la mer, jusqu'à 2,000 mètres en deçà d'Ain-Féranin, et la partie supérieure de l'Oued-Beni-Ourian, en tout 1,600 hectares, on leur assurera un parcours suffisant. Le parti presque nul qu'ils tirent de leur territoire, excepté à Tazout où il existe quelques champs cultivés, ne permet pas d'en estimer la valeur à plus de moitié dans l'achat qu'ils firent entre les mains du bey Mohamed. Le remboursement à leur faire serait donc de 6,000 francs.

Propriété de Bel-Gaïd, près d'Arzew (partie de l'Ouest.

Des propositions d'achat ont été faites à Bel-Gaïd, il élèverait ses prétentions à 7 ou 8,000 francs.

Propriété de Bou-Médian-Ben-Ismaël, à Dika.

L'administration s'est déjà occupée de l'acquisition de cet immeuble.

Terre des Asamnia.

La plus grande partie se trouve comprise dans le territoire civil et entraînera le reste. S'il survient quelque transaction, le placement des tentes des Asamnia sur un autre point où l'État pourra leur donner des terres ne sera jamais une difficulté d'un instant.

TERRITOIRE SABEGA.

Bétéoua.

En raison de leur faiblesse numérique, de leur origine qui les sépare des Arabes, de leur habitation fixe, les Bétéouas peuvent être laissés dans la circonscription à coloniser sous les conditions suivantes : ils continueront à occuper le village bâti sur la colline. Ils y conserveront les enclos et jardins qu'ils possèdent. Ceux qui s'y trouvent entremêlés et qui ont été repris par l'État, par suite de l'absence de leurs possesseurs, serviront à conclure des échanges dont l'objet sera de rendre disponibles tous les terrains situés au pied de la colline, dans le voisinage des puits. Il sera constitué aux Bétéouas un territoire nouveau de

1,600 hectares, en rapport, 1° avec l'état numérique de la population, qui est de 64 familles; 2° avec l'étendue des terres cultivées annuellement (380 hectares); 3° avec le chiffre du bétail, qui est de 100 têtes de bœufs et de 400 moutons environ.

Les Bétéouas seront constitués propriétaires de leur territoire. Ces conditions n'admettent aucune indemnité.

Ahmian.

Les douze Mechetas des Ahmian seront réunis dans la partie est de leur territoire; une ligne passant par Hassi-el-Ahmod, Abaït-el-Cadi et Djebel-Hadid, jusqu'à la Macta, marquera leur limite nord-ouest; le reste de la limite restant tel qu'il a été indiqué. La direction des affaires arabes réglera le partage du nouveau territoire. Dans cet état, il présente encore une surface de plus de 7 lieues carrées, près de 12,000 hectares.

Les Ahmian comptant 211 tentes, c'est donc une moyenne de près de 60 hectares par tente qui leur est faite : d'autre part leurs cultures annuelles, qui sont de 830 hectares, sont dans le rapport de 1 à 15 avec la terre qui leur est assignée. Ils ont donc de larges ressources pour nourrir les 600 bœufs et les 1,800 à 2,000 moutons qui composent leurs troupeaux. Le marais de la Macta leur offre à cet égard de grandes ressources pendant presque toute l'année.

Toutefois, dans cette disposition, il faut tenir compte de la rareté de l'eau dans cet espace. Lorsque les eaux de la Macta en s'abaissant se salent, et que celles du marais cessent aussi d'être potables, les Ahmian fixés dans la région en question n'ont plus pour pourvoir à leurs besoins en eau que les puits de Galfat, celui de Sidi-Meammar et ceux d'El-Ahmod. Il serait donc nécessaire, sans plus attendre, de procéder à des creusements de puits à la tête d'Abaïl-el-Cadi, à l'Oued Bou-Ralral, et dans le vallon des Guéranin, en même temps qu'à Assil-Ahmod on ouvrirait six nouveaux puits, dans l'est de ceux qui existent, à 200 mètres de distance, lesquels seraient affectés sans partage aux Ahmian : sur ces six puits, il faut en compter trois anciens qu'il suffirait de déboucher.

Les Mechetas à déplacer sont ceux de Brahim-ben-Chourah, Bel-Réir, Ould-Amar, Bou-Relral, Ali-ben-Youb, Bel-Aiad, Aissa-ben-Della. Ce sont ceux qui jouissent des meilleures conditions locales : ils ont de belles eaux, des terres d'un bon rapport. Les terres qu'ils devront occuper sont fertiles, mais généralement envahies par les arbustes. Il paraîtrait juste d'accorder à chacun des Mechetas précités une indemnité de 1,000 francs, soit 6,000 francs.

Les Ahmian ne conserveront toujours sur leur territoire réduit que leurs anciens droits de Sabega : un jour viendra où il sera nécessaire de leur faire opérer un nouveau déplacement, alors que les marais de la Macta étant desséchés, la région qui les entoure cessera d'être fiévreuse.

Cette considération est beaucoup moins importante avec les Arabes, qui résistent mieux que nous à l'influence des miasmes et en affrontent volontiers les dangers dans l'intérêt de leurs troupeaux.

Garabas.

Les Mechetas des Garabas, compris dans la circonscription à coloniser et dans les autres Mechetas de cette tribu, ont une densité de population qui est de 210 individus par lieue carrée : elle empêche déjà de songer à exécuter une condensation sur le territoire même de la tribu : il faut donc procéder à un déplacement. La force de l'élément à déplacer permet d'ailleurs ici qu'il ait une existence propre, et diminue d'autant une tribu qui nous est juxtaposée et que nous ne pouvons affaiblir qu'à notre avantage. Le lieu immédiat de translation sera le pays des Azedj. On trouvera facilement des hommes et des rivalités pour constituer l'autorité dans la nouvelle tribu qui prendra le nom de Garabas des Tessalah. Placée au milieu des Beni-Ahmers, elle consolidera les Oulad-Ali et les autres fractions voisines dont une partie des tentes est restée ; elle donnera le premier exemple de la dépossession des émigrants. Nous avons dit quel rôle devait jouer en même temps Sidi-bel-Abbès.

La direction des affaires arabes réglera le partage des terres, donnant à chaque Mecheta à raison de 30 hectares par famille. La qualité des terres rend ce chiffre très-suffisant pour les labours et les troupeaux. Les Mechetas dont il s'agit comptent 553 familles : c'est 16,590 hectares à prélever, ce qui constitue une densité de population de 331 individus par lieue carrée.

Il n'y a point d'indemnités à accorder en cette circonstance.

La région assignée offre des terres en plein rapport, l'eau y abonde : des puits, des sources, des ruisseaux la fournissent. A cet égard, les Mechetas transplantés seront dans des conditions bien préférables à celles qu'ils auront quittées. Les jardins du pays qui leur est ouvert, les matamores, etc. remplaceront ce qu'ils abandonneront en ce genre.

La séparation du sol natal n'en sera pas moins doulou-
reuse, mais elle est nécessaire. L'occupation aura lieu
comme Sabega.

Trois Mechetas des Garabas, qui se trouvent compris sur
la limite de la forêt et de la circonscription coloniale d'O-
ran, suivront le mouvement des précédents : ce sont les
Mechetas de Oulad-Ali-ben-Moussa, El-Rali-ben-Rahmoun-
et El-Abouchi. Ils comptent ensemble 57 tentes et recevront 1710 hectares sur le territoire des Azedj, toujours
comme Sabega.

Enfin, les Sahilia, destitués de leurs droits de Sabega,
recevront encore chez les Azedj un territoire d'une étendue
moyenne de 1,530 hectares, basée sur l'existence de 51 tentes, mais ils y payeront le loyer de la terre qu'ils laboure-
ront annuellement, sans préjudice des impôts de la zekkat
et de l'achour.

Ainsi serait réglée l'évacuation de la zone à coloniser autour d'Oran.

Avant de terminer ce chapitre, nous déterminerons immédiatement les conditions à fixer aux Mechetas des Garabas qui entourent la forêt de Muley-Ismaël du côté du S. E.

Cette forêt appartient à l'État; elle possède plusieurs va-
riétés d'arbres résineux, et particulièrement des oliviers
sauvages de la plus grande beauté. Placée entre Oran et
Saint-Denis du Sig, elle prendra nécessairement une importance qui ne permet pas de rester indifférent aux soins
de sa conservation que plusieurs causes compromettent.

Ainsi, les Garabas fixés sur la rive gauche du Sig, dont
l'état d'insalubrité ne permet pas encore d'ouvrir l'accès à
a population européenne, disputent chaque année à la fo-

rêt les terres susceptibles d'être labourées. Il en est de même dans le Sud-Est et dans l'Ouest de ce domaine. Dans quelques clairières, on trouve même des cultures. Une délimitation peut seule y mettre ordre; elle aurait le tracé qui va être indiqué : de l'extrémité est de la Saline, suivre le chemin du Sig jusqu'à Sidi-Chigr, tourner à l'E. et passer successivement par le Djoub-el-Granif, Sidi-Halhal, les Matamores de Cada, les Matamores de Hel-el-Aïd, Sidi-Mohamed des Chouelbia, le ravin de Tenguerara, au point où la grande route le coupe, revenir avec elle jusqu'au delà de Djoub bou-Alem, prendre à gauche le chemin de Sidi-Salah et se refermer, sur la circonscription colonisable de la zone d'Oran, chez les Féranin. Ce polygone renferme une surface de 7 lieues 1/2 carrées, soit de 12,000 hectares, dont quelques parties assez rares sont déboisées et où il y aurait à faire des semis.

Il appartient à l'administration forestière de prescrire des mesures nécessaires pour vivifier cette forêt. Il faut mettre en première ligne un bon service de garde, pour empêcher les dévastations par les bûcherons, les charbonniers et les incendiaires et pour détruire l'habitude que prend le roulage, au retour de Mascara, de couper au hasard le long de la route, pour rapporter à Oran des chargements de bois; l'ouverture d'un système de routes dans la forêt sera nécessaire pour cette garde et pour l'aménagement; il facilitera la formation de réserves d'oliviers sauvages à louer à long bail pour être greffés. La forêt de Muley-Ismaël n'a pas un seul puits [1]. Les points où il existe de l'eau potable

---

[1] A El-Gabou, près de la route d'Oran à Mascara, vers le milieu de la forêt, il existe la trace de trois, qui sont comblés.

en sont généralement très-éloignés. Il faudra entreprendre des forages et les continuer avec opiniâtreté jusqu'à ce qu'ils aient eu un bon résultat.

On remarquera qu'il existe, en dehors de la délimitation, des espaces boisés assez étendus. Il fallait faire la part entre les céréales et la forêt, et laisser, sur les rives de celle-ci, des ressources de bois suffisantes aux besoins, et même à l'industrie des douars limitrophes, pour se donner vis-à-vis d'eux plus de facilités, si ce n'est plus de droits d'établir le respect de la réserve faite.

ZONE PROPOSÉE

POUR ÊTRE COLONISÉE AUTOUR DE MOSTAGANEM.

Autour de Mostaganem et de Mazagran, les terres sont Melk et Beylik. Ces deux villes eurent autrefois une ban, lieue très-habitée : la guerre l'a dépeuplée; le départ des Turcs, les extinctions et de nombreuses émigrations ont laissé au domaine de l'État beaucoup d'héritages, qui tous encore n'ont pas été recueillis. Sur ces points, la population indigène ne peut pas être considérée comme vivant à l'état de tribu. Il n'y aura ni déplacements ni désintéressements collectifs à régler. A ce titre, la principale opération est déjà faite : c'était l'évacuation de l'enceinte de Mazagran par les indigènes. Elle date de 1845, elle a eu pour but la formation d'un centre européen. A Mazagran, les anciens habitants sont réunis aujourd'hui dans le village arabe de Tigdid; il compte 100 familles; un autre, celui de Rezez-gua, a été formé au sud-est des jardins, près la route de Mostaganem à Ennaro. Ils subsisteront tous deux sans inconvénient au mlieu de la colonisation.

Les Deradel, qui comptent en tout 72 familles, habitaient la partie sud du territoire de Mostaganem. Ils n'avaient aucun droit de propriété et devaient être considérés comme Sabega. Récemment ils ont acquis régulièrement d'un Turc un territoire d'environ 700 hectares. Ils peuvent rester dans la position que leur assigne ce Melk.

Près du territoire de Deradel, à l'ouest, est un terrain de la contenance de 700 hectares, revenant au Domaine au titre d'habous.

Près de là, au sud d'Aïn-Nouisi, le polygone de colonisation fait une entrée chez les Borghia, et y comprend une surface de 600 hectares. Le territoire des Borghia appartient à l'État, qui le leur concède à loyer pour leurs cultures. L'espace est loin d'y manquer. La partie à prélever ne contient ni puits, ni jardins : elle ne peut être l'objet d'aucun embarras.

Reste le territoire des Hachem-Daro, tribu formée des éléments fugitifs d'autres tribus. Ce territoire se partage en biens Melk, et on n'y voit pas la société arabe réunie à l'état de douars. Les tentes campent isolément, ou bien au nombre de 3 ou de 4, lorsque plusieurs membres d'une famille ont conservé des intérêts communs sur leur patrimoine; chacun d'ailleurs habite le sol qui lui appartient et rien ne s'opposerait, avec de semblables habitudes, à ce que le gourbi remplaçât la tente, si ce n'était l'avantage qu'a celle-ci de conserver la possibilité de se dérober à l'occasion.

Il est facile de juger par la comparaison du chiffre de la population des Hachem-Daro avec la surface du territoire qu'ils occupent, que beaucoup de terrain peut devenir dis-

ponible. Il y existe aussi des terres vacantes ; on arrivera
par des échanges et des achats à faire place à la colonisation. L'État, par ses divers agents, devra en avoir l'ini-
tiative.

Ce travail n'a pu être proposé pour le moment d'une
manière plus précise

Les Hachem-Daro ont pour limitrophes, à l'est, les
Chourfa-Hamadia (medgers), qui ont un territoire Melk.

Il faudra encore régler avec ceux-ci la cession de la partie angulaire, qui a servi à former, autour d'Assian-Tounin,
un territoire disponible, ce qui ne doit rencontrer aucune
difficulté. Il ne s'agit que de 400 hectares environ.

ZONE PRÉPARÉE

POUR ÊTRE COLONISÉE SUR LE SIG.

Cette zone embrasse :

La terre du Sig proprement dite, rive droite et rive gauche,
celle des Zmélas et à l'est, celle des Ouled-ben-Aïcha. Elle
comprend encore un angle du territoire Sabega des Taallait. Enfin, sur la rive gauche, la Mecheta des El-Aïd et
encore l'extrémité sud du Mecheta de Aalemia.

Nous allons examiner successivement ce qui se rapporte
à ces désignations.

Terre du Sig.

Elle est limitée, du côté du sud, par la ligne supérieure
d'arrosage déterminée sur les deux rives du Sig par le grand
barrage supérieur ; les Turcs, lorsque le leur fut emporté,
en construisirent un autre en branchages, un peu au-dessous.

du marabout de Larba, et dès lors ils s'attribuèrent les terrains qu'il pouvait arroser, abandonnant les terrains supérieurs qui n'avaient plus d'eau pour les fertiliser. Nous avons trouvé les Garabas en jouissance de ces terres du deuxième barrage, dont il conviendra, pour l'extension de Saint-Denis, de faire reprise, sauf désintéressement.

Le canal d'irrigation de la rive droite est encore le seul achevé et déjà il produit ses résultats. Le canal de la rive gauche est en voie d'exécution; la surface arrosée est approximativement de 4,000 hectares.

Les Taallait cultivaient la terre du Sig, pour le compte de l'État. Cette tribu a un territoire suffisant pour qu'on n'ait pas à se préoccuper du sort de ses laboureurs avec lesquels nous rompons nécessairement l'ancien contrat.

Terre des Zmélas.

Elle est située au nord de la route d'Oran à Mascara au-dessous du Chrouf, dont le ravin la traverse et l'inonde, lorsqu'ils vient à se remplir d'eau.

Cette terre fut donnée en *jouissance* par le Bey Hassen à trois hommes principaux des Zmélas, entre autres à un homme très-important nommé Morselly. Ils y mirent quelques tentes pour la culture. Celles-ci, après la chute du gouvernement turc, et jusqu'à présent, sont restées sur la terre et y ont labouré pour leur compte; l'État en fera la reprise avec toute justice, et renverra les détenteurs aux douars des Zmélas, dont ils sont respectivement sortis.

La surface de cette terre est de 600 hectares environ. Le terrain est excellent et, presque annuellement, le Chrouf y jette les eaux pluviales dont il se grossit et assure au sol une fertilité remarquable. Il n'existe pas d'eau plus rapprochée de cette terre que le Sig par le canal d'irrigation.

Terre des Oulad-ben-Aïcha.

Il n'y restait plus qu'un douar de quatre tentes; finalement il s'est séparé. Trois tentes ont rallié les Ferragas, une les Zmélas; cette terre est montagneuse dans la partie sud; dans la partie nord, elle offre des terrains favorables, dont la surface est de 250 hectares. On y boit des eaux du Sig. Les conduits d'arrosage rendront à cette localité une valeur que la difficulté d'y boire lui avait fait perdre : elle peut être englobée avec la terre des Zmélas dans les concessions à faire aux entreprises agricoles dont le Sig sera le centre.

Territoire des Taallait.

Le territoire des Taallait est Sabega.

Un angle de ce territoire, d'une surface de 150 hectares, se trouve compris dans la circonscription à coloniser. L'étendue générale du territoire des Taallait permet d'y faire ce prélèvement, sans qu'il en résulte d'inconvénient.

Mecheta des El-Aïd.

Ce Mecheta, sur lequel le grand barrage jettera des eaux, doit revenir à l'État. Il est placé de manière à ce que le rayon de culture du Sig doive l'embrasser. Les El-Aïd comptent 116 tentes et cultivent 350 hectares; le territoire vacant des Sahilia sur la rive droite du Tlélate, sous Quénan, présente une surface approximative de 1,600 hectares qui suffira pour les recevoir.

Mechetas des Aalemia.

La famille de Labib-bou-Alem occupe plusieurs Mechetas dans la riche plaine qui s'étend le long de l'Arich, sur la rive gauche du Sig, jusqu'au point où il disparaît dans un marais. Pour fertiliser cette plaine, les maîtres de ces Mechetas ont construit, au-dessous de Larba et sur une distance d'une lieue, une douzaine de barrages, dont huit encore jettent les eaux à droite et à gauche sur les rives. Cette eau n'est que le surplus des eaux de la rivière, non déviées dans les canaux d'irrigation du barrage supérieur; toutefois il s'en trouve assez encore, si peu que l'année soit pluvieuse, pour inonder de grands espaces, au lieu de les arroser, ce qui tient à ce que les canaux d'irrigation sont sans écluses et que rien ne suspend ou modère l'affluence de l'eau. La conséquence en est de convertir les bords du Sig en marécages improductifs et malsains. Il semblerait bon que l'État prît possession de ce système imparfait, et, pour dédommager les Aalemia de la surface de terrain qu'on leur enlèverait et dont il faudrait s'assurer la possession, il leur serait donné, à titre de Sabega, la petite terre de Ben-Begga, située près Sidi-Abd-el-Kader-bou-Adjemi, sur la route d'Arzew au Sig. Elle appartient au Beylik; sa surface est de 60 hectares; les Oulad-Sidi-Mansour l'ont cultivée pendant plusieurs années. Aujourd'hui elle est en location.

Cette dernière adjonction au territoire du Sig aurait pour objet principal d'assurer sa salubrité en se rendant maître des causes qui peuvent la compromettre.

PROGRESSION DE L'INVASION COLONIALE.

Dans le cours de ces études, nous avons déjà exprimé que le mouvement d'invasion de l'élément colonial devait être progressif. Nous allons indiquer comment nous l'entendons.

Dans la circonscription d'Oran, au delà du territoire civil, la colonie s'étendra d'abord le long du littoral par Assian-Toual, Azelef, Gudyeil, Arzew et Bétéoua sans dépasser au sud-est une direction générale allant de Sidi-Chaami à Bétéoua par Télamine.

Dans cette première époque, ce qui sera enlevé aux Garabas ne sera pas de nature à exiger encore leur translation.

La seconde époque aura pour préliminaire cette translation. Toute la zone d'Oran sera alors disponible.

Au Sig, tout peut s'accomplir à la fois.

A Mostaganem, la colonie doit être dirigée d'abord dans la région des jardins, vers Mazagran, la Stidia et Aïn-Nouïsi; le mouvement vers l'Est viendra après.

Il ne faut pas chercher l'explication de ces indications dans la plus ou moins grande sécurité du pays. Elle existe dans l'intérieur et au dehors du triangle de colonisation telle qu'on la peut désirer; de sages mesures, la force avant tout, la maintiendront. La colonisation avec ses exigences sera d'ailleurs la pierre de touche de la soumission réelle. Elle posera enfin dans leur véritable situation respective le peuple conquérant et le peuple vaincu. Par une aberration sans exemple, c'est des intérêts de ce dernier dont jusqu'ici se sont le plus inquiétés la plupart des théoriciens de la question; sollicitude pusillanime dont nous avons payé tous les frais; duperie compromettante vis-à-vis d'un ennemi quelquefois tranquille par épuisement, mais qui vous garde au cœur une haine implacable. La colonie peut seule par sa masse le réduire à l'impuissance de s'agiter.

Ainsi donc, s'il faut rendre l'invasion de la colonie progressive, ce n'est pas pour la ralentir, avec quelque arrière pensée tournée vers les indigènes, mais bien pour avoir plutôt des centres populeux où la société s'organise fortement, où l'échange des productions de toute nature se multiplie au bénéfice de tous. C'est encore, nous le répétons, pour ne pas faire le vide entre nous et la population arabe, qui, surveillée de près, doit fournir le tribut de son travail et de ses ressources à la colonie, l'environnant dans son expansion comme fait autour du champ défriché la haie formée avec les épines qu'on en a extirpées.

COLONISATION ROUTIÈRE.

Nous avons annoncé que la colonisation routière serait l'objet d'un appendice; ce qui précède permet de juger que son installation n'est pas destinée à rencontrer de véritables difficultés. Il ne reste donc plus à cet égard qu'une question d'études de détail dont les conclusions générales figurent provisoirement sur les plans qui accompagnent cette note.

———————

Dans ce travail, fait en vertu des ordres de M. le lieutenant-général de Lamoricière, commandant la province d'Oran, M. Brahamcha, interprète principal, attaché à la division, a été chargé de la traduction des titres arabes. Les levés ont été exécutés par M. Gellez, capitaine au 44ᵉ de ligne. Considérant la question au point de vue de l'introduction de la population européenne sur des espaces rendus libres, M. le chef d'escadron d'état-major d'Illiers, après avoir étudié la nature de ces espaces, et les moyens généraux d'amélioration à y appliquer, en a fait le partage en communes, offrant ainsi à toutes les tendances coloniales, quel que soit leur mode de procéder, une première base d'appréciation des conditions dans lesquelles elles viendront se placer. Cette étude forme un cahier particulier.

Oran, le 25 mai 1846.

Le Lieutenant-colonel d'état-major,

L. DE MARTIMPREY.

N° 3.

—

MÉMOIRE

SUR LA MANIÈRE DONT IL CONVIENT DE PARTAGER ENTRE LES
CONCESSIONNAIRES LES TERRES DONT L'ÉTAT A ACQUIS LA
LIBRE DISPOSITION.

———

Les réserves nécessaires à la population indigène et pour forêts de l'État étant faites, nous allons chercher à établir nos 5,000 colons : les uns sur les terres, cours d'eau, sources et puits qui restent disponibles dans l'intérieur du triangle (Oran, Mostaganem et Mascara), triangle que nous appellerons le berceau de la colonisation dans la province d'Oran ; les autres répartis par groupes sur les lignes de communication les plus fréquentées ou dans des localités tout à fait exceptionnelles.

Nous essayerons en même temps de constituer la commune en partant de ce principe qu'on peut, dans l'origine, lui donner une superficie considérable par rapport au chiffre de la population, et qu'on sera toujours à même de la scinder plus tard, alors que, la presque totalité du territoire étant défrichée et que de nouvelles eaux ayant été trouvées, les habitants s'y trouveront en plus grand nombre.

Pour compléter notre travail, nous indiquerons :

1° Les routes et chemins qu'il serait indispensable d'ouvrir pour relier entre eux et avec nos principales villes tous ces nouveaux centres de population ;

2° Les travaux de desséchement qu'il sera nécessaire de faire, tôt ou tard, pour assainir le pays et permettre aux Européens d'aller l'habiter sans crainte ;

3° Les travaux à faire dans chaque localité pour trouver de nouvelles eaux, améliorer le régime de celles qui existent ou rendre possibles des irrigations.

TERRITOIRE CIVIL D'ORAN.

964 familles. — 25,000 hectares.

Nous ne parlerons que pour ordre des localités comprises dans l'intérieur du périmètre soumis à la juridiction civile, où déjà plusieurs centres de population existent et où d'autres sont à créer.

Nous les énumérerons, pour ajouter les familles agricoles qui s'y trouvent ou qui doivent aller s'y fixer à celles que nous proposerons de placer sur le territoire encore mixte, et nous fixerons un chiffre approximatif pour toutes les familles qui sont déjà établies ou pourront s'établir isolément sur la partie du territoire civil non comprise dans les dépendances de ces divers centres de population, qui sont :

La Senia (existant).............................	50 familles.
Sidi-Chamy (existant).........................	54
Misserghin, anc. et nouv. village (existant)...	130
Le Figuier (à faire).............................	80
A REPORTER........	314

Assi-el-Abiod (à faire). 30

Aïn-Beida (à faire). 50

Assi-el-Gir (à faire). 30

Sidi-Marouf (à faire). 30

Plaine d'Andalouse (à faire).	sur l'Oued-Sidi-Amadi.	100
	Aïn-el-Anseur.	10
	Aïoun-Turc.	40
	Aïn-Sidi-bou-Asfar. . . .	15
	Aïn-Sidi-bou-Ameur. . .	30

Jefry (à faire). 5

Dar-Beida (existant). 10

Total 664

auxquelles nous pouvons ajouter sans crainte. . 300
pour les familles qui s'intercaleront isolément

au milieu de ces villages et hameaux; soit donc 964 familles agricoles qui pourront s'établir sur le territoire civil actuel d'Oran, où il peut y avoir 16,000 hectares, au moins, de terres arables. Ce chiffre donne, en moyenne, 26 hectares pour chacune des 964 familles.

COMMUNE D'EMSILA.

103 familles. — 8,000 hectares.

A l'ouest d'Oran, et comme enclavée de trois côtés entre le territoire civil et le grand lac, se trouve une superficie de 8,000 hectares de terres qui appartiennent à l'État; il y existe plusieurs sources sur lesquelles on pourrait établir des centres de population dont l'ensemble formerait une commune; c'est un pays de montagne, aujourd'hui couvert de bois, et dans lequel on ne rencontre que de temps à autre quelques bassins et vallons propres à la culture des céréales. Du côté d'Emsila, et sur le bord du lac entre autres, nous avons vu de belles moissons. Nul doute donc que des Européens qui se livreraient simultanément à l'élève des bestiaux, au commerce du bois et à l'agriculture, ne finissent par rendre cette contrée aussi productive que beaucoup d'autres. Nous ne savons véritablement quelle localité indiquer plus particulièrement pour chef-lieu de la commune. Ras-Mta-Geddara est le point le plus éloigné vers l'ouest, tandis qu'il faut que le chef-lieu de la commune soit placé de telle sorte que les habitants des autres villages et hameaux le rencontrent à peu près sur la route qu'ils devront suivre pour venir à Oran.

Sidi-ben-Aïssy est dans une montagne aride et difficile.

A Aïn-Regada, il y a trop peu de terres arables.

Les autres sources, telles que Aïn-Sefsef, Dechera, Aïn-el-Bia, Serig-Ouled-bey-Bralinn et Aïn-Mta-bey-Messabey, sont trop secondaires pour qu'on puisse y placer des centres de population considérables.

Nous nous bornerons donc à donner à cette commune le nom d'Emsila qui semble lui revenir de droit, quel qu'en soit le chef-lieu, et à indiquer la quantité de familles qu'il serait possible de placer sur chaque point. D'autres plus compétents que nous désigneront le chef-lieu.

A Sidi-ben-Aïssy, où il y a de bons jardins potagers............... 20 familles
A Ras-Mta-Gedara.................. 30

A REPORTER........ 50

Report...........	50 familles.
A Aïn-Regada................	15
A Aïn-Sesfef..................	5
A Dechera...................	3
A Serig-Ouled-bey-Bralinn........	10
A Aïn-Mta-bey-Messabey..........	20
Total..........	103 familles.

Peut-être aussi ce vaste territoire pourrait-il être divisé en deux communes, dont les chefs-lieux seraient Sidi-ben-Aïssy et Ras-Mta-Geddara.

COMMUNE D'ASSIAN-TOUAL.

200 familles. — 3,500 hectares.

Toutes les eaux de la commune d'Assian-Toual et une partie de celles de la commune de Sidi-Aly étant, si ce n'est complétement identiques, au moins dans des conditions tout à fait analogues, nous allons en faire une description générale qui servira une fois pour toutes.

Ces puits, car il n'est ici question ni de sources ni de ruisseaux, sont situés au centre de bassins qui se succèdent de l'est à l'ouest depuis la plaine de Telamine, dont ils semblent être le prolongement, jusqu'à Sidi-Marouf et Sidi-Chamy. Toutes les parties basses de cette contrée sont très-fertiles. Aujourd'hui que, par paresse ou faute de bras pour les cultiver, les indigènes ont abandonné toutes leurs terres au hasard, les broussailles et les palmiers nains ont envahi ces riches vallons, qui, à une époque que nous ne saurions préciser, ont dû être parfaitement cultivés et couverts de belles et abondantes moissons; de temps à autre on y rencontre des ruines qui prouvent que cette plaine n'a pas toujours été déserte. Le nombre de puits en service que nous y avons trouvés, à assez petite distance les uns des autres, leur solidité, leur ancienneté, le soin tout particulier avec lequel ils ont été construits, et ceux, en nombre plus considérable encore, hors de service et à moitié comblés, dont on nous a montré les emplacements, prouvent qu'une population nombreuse a vécu tout autour et que les eaux ne manqueront jamais dans cette contrée là où on voudra se donner la peine de creuser. La profondeur des puits peut varier de 15 à 20 mètres. Partout les eaux sont abondantes; partout aussi les irrigations seraient faciles au moyen de norias. Le nombre des puits pourrait être augmenté, comme nous l'avons déjà dit, suivant les besoins de la population. Les eaux ne seront donc point un obstacle à l'établissement d'un nombre de familles plus ou moins considérable sur tel ou tel point, et nous ne baserons ici nos calculs que sur la quantité de terres dont nous pouvons disposer pour chaque village ou hameau. Nous ajouterons que nous avons goûté toutes ces eaux et que nous ne les avons pas trouvées partout de la même qualité; nous ne pouvons attribuer cette différence qu'au plus ou moins de propreté des puits, que rien ne garantit et qui, tous sans exception, auraient besoin d'être curés avec le plus grand soin. Nous sommes convaincus qu'après cette opération, les eaux, fort potables dans l'état actuel, seraient toutes plus agréables au goût et partout à peu près les mêmes.

Cette commune serait toujours essentiellement agricole; c'est le pays le plus salubre que nous connaissions.

VILLAGE D'ASSIAN-TOUAL.

Les eaux d'Assian-Toual étant abondantes et de bonne qualité, au milieu d'un pays fertile et extrêmement propre à la colonisation, on pourrait en faire le chef-lieu de la commune et y placer 80 familles. Quelques-uns des terrains avoisinants sont rocailleux, mais susceptibles néanmoins de pouvoir être avantageusement utilisés comme pâturages ou pour des plantations.

HAMEAU D'ASSI-AMEUR.

Les eaux de ses puits sont fort bonnes; des irrigations y seraient très-faciles; c'est une excellente position sous tous les rapports pour l'établissement d'un centre de population : nous proposerons d'y placer 30 familles.

HAMEAU D'ASSI-BOU-NIF.

Ce puits est situé dans la direction de Sidi-Marouf, à moins d'une lieue d'Assi-Ameur, et se trouve absolument dans les mêmes conditions que ce dernier. Nous nous bornerons à dire que nous voudrions y voir placer 30 familles.

HAMEAU D'ASSI-BEN-ENDA.

Situé dans un joli vallon des plus fertiles, entre deux jardins de cactus et à peu près à moitié distance entre Assi-Ameur et Assi-Bou-Nif; ce puits ne diffère en rien des premiers. On peut y placer 30 familles.

HAMEAU D'ASSI-BEN-FERRÉAH.

Situé dans le voisinage de la plaine de Telamine, ce puits est dans les mêmes conditions que plusieurs de ceux dont nous venons de parler. A une petite distance vers l'est, se trouve un autre puits dont l'eau n'est potable, en ce moment, que pour les bestiaux; il serait sans doute d'aussi bonne qualité que celui de Ben-Ferréah, dont les eaux sont excellentes, si l'on en retirait toute la vase et les saletés que nous y avons remarquées. En tout cas, il pourrait être avantageusement utilisé pour les irrigations et les bestiaux du hameau de Ben-Ferréah. On devrait y placer 30 familles.

COMMUNE DE SIDI-ALY.

170 familles. — 4,800 hectares.

En parlant de la commune d'Assian-Toual, nous avons fait une description générale de la majeure partie des puits qui se trouvent dans celle de Sidi-Aly. Nous ne reviendrons pas sur ce que nous avons déjà dit.

VILLAGE DE SIDI-ALY.

Comme Sidi-Chamy, village du territoire civil, Sidi-Aly se trouve dans d'excellentes conditions pour l'établissement d'un centre de population européenne. Assez près encore d'Oran pour aller y vendre chaque jour leurs fruits, leurs légumes et leur laitage, les habitants de Sidi-Aly pourraient s'occuper simultanément et de l'agriculture proprement dite et d'un peu de jardinage; les terrains qui dépendront de ce village devront, il est vrai, être tous défrichés avant qu'on puisse y mettre la charrue; mais les broussailles qui couvrent le sol indemniseront en partie les colons des premières dépenses qu'ils auront à faire, et les terres y sont de si bonne qualité, que les récoltes s'y succéderaient sans interruption pendant bon nombre d'années. Nul doute que le village de Sidi-Aly ne soit bien vite en voie de prospérité. C'est à Sidi-Aly, qu'après la paix de 1837, l'administration militaire avait fait parquer les nombreux troupeaux que l'émir Abd-el-Kader payait à la France en vertu du traité de la Tafna; c'est dire que les eaux et pâturages n'y manquent pas. Plusieurs puits avaient été alors creusés par les troupes pour abreuver plus facilement les bestiaux; ces puits se sont comblés et nous n'en avons plus trouvé qu'un seul en service, celui qui existait déjà sous les beys et dont les parois auraient aussi besoin de quelques réparations.

Nous proposons de placer à Sidi-Aly 100 familles.

HAMEAU D'ASSI-BEN-OKBA.

Comme ceux d'Assi-Ameur, d'Assi-bou-Nif et d'Assi-ben-Enda, les environs d'Assi-ben-Okba sont excellents et propres à la culture des céréales. Des irrigations y seraient faciles. Le nombre des puits peut être augmenté; on pourrait y placer 20 familles.

HAMEAU D'ASSI-EL-BÉCHIR.

Ces deux puits qui ne sont séparés l'un de l'autre que par une distance de 5 à 6 mètres sont situés à 1 kilomètre au plus, au sud de la route d'Oran à Arzew, dans le fond d'un ravin dont les berges paraissent peu propres à la culture des céréales; mais dont le lit quoique resserré, renferme une quantité de terres à céréales assez considérable pour qu'il soit permis d'y placer 20 familles, lesquelles d'ailleurs jouiraient de la petite fontaine d'Aïn-Dehenne qui en est peu éloignée, et où nous ne croyons pas devoir placer un centre de population, parce qu'on nous a assuré qu'elle tarissait pendant les grandes chaleurs. Nous sommes convaincus cependant que, si on la travaillait de manière à ce qu'elle fût moins chargée et à ce qu'elle fût abritée, il serait possible d'y conserver de l'eau en toute saison. Les puits d'Assi-el-Béchir sont peu profonds (2 ou 3 mètres au plus). Il nous a paru qu'il serait facile de les utiliser pour arroser les terres du lit du ravin qui sont situées en aval.

CARRIÈRES DE PLÂTRE.

Depuis plus d'une année des spéculateurs ont obtenu la concession de carrières de plâtre situées sur le bord de la mer, un peu à l'est de la pointe de Canastel, dans un terrain extrêmement difficile, non loin du sentier qui conduit directement d'Oran à Christel et au pied nord du Djebel-Kahar (montagne des Lions); ils y ont déjà élevé les constructions qui leur étaient nécessaires pour leur exploitation; ils se sont établis près d'une petite source dont les eaux sont tellement sulfureuses qu'on ne saurait les boire impunément. Nous ne comprenons pas ce point au nombre de ceux où nous proposons de créer des centres de population; nous n'y laisserons que les familles d'ouvriers employés à l'extraction et à la manipulation du plâtre.

HAMEAU D'AÏN-FRANIN.

Un peu loin sur le même sentier qui conduit à Christel, se trouve une petite fontaine dont les eaux sont excellentes et dans le voisinage de laquelle il y a quelques terres arables. On pourrait annexer de vastes pâturages à ce hameau, dont les habitants devraient surtout s'adonner à l'élève des bestiaux.

Nous sommes convaincus d'ailleurs que des gens laborieux et intelligents finiraient par tirer un bon parti de certains fonds de ravins aujourd'hui couverts de broussailles et où la terre végétale ne manque pas. Nous proposons de placer à Aïn-Franin 10 familles de cultivateurs.

HAMEAU D'AZELEFF.

Azeleff est une petite source peu abondante, mais dont les eaux sont excellentes; elle se trouve sur la route d'Oran à Arzew-le-Port, à 6 kilomètres avant d'arriver à Gudiel. 20 familles pourraient y être placées. Les terres qui entourent Azeleff sont peu propres à la culture; elles sont rocailleuses, couvertes de broussailles, et conviennent surtout à l'élève des bestiaux. La vigne, le mûrier et les arbres fruitiers devraient y prospérer Des irrigations y seraient difficiles, et dans tous les cas sans importance.

COMMUNE DE TAZOUTE.

70 familles. — 2,500 hectares.

VILLAGE DE CHRISTEL.

Il fallait réserver une localité où pussent vivre concentrés les gens de Christel au nombre de 50 familles, dont le pays, autrefois très-étendu, se trouvera infiniment réduit par l'abandon qu'ils devront faire des eaux et terrains nécessaires à l'établissement de nos nouveaux centres de population européenne. Nous avons pensé qu'aucune localité ne leur convenait mieux que les eaux et jardins de Christel même, où ils sont établis depuis longues années, et nous n'avons pas compté ce point au nombre de ceux entre lesquels nous proposons de répartir la population européenne. Cependant 25 familles espagnoles, par suite de transactions faites de gré à gré avec les indigènes, y ont acquis ou loué des terrains sur lesquels des constructions se sont élevées. Ces étrangers, qui ne sont là que par le fait du consentement des indigènes, finiront probablement par s'y fixer. Nous laisserons les uns et les autres libres de s'arranger entre eux comme bon leur semblera, toutefois en garantissant leurs droits. Nous ne parlons donc que pour mémoire de ces 25 familles, dont le nombre augmentera peut-être encore avec le temps; elles formeront, par exception, un centre européen au milieu de la population musulmane.

Nous réserverons pour ces 50 familles indigènes une superficie de 1,700 hectares, en y comprenant les jardins.

Ce dernier chiffre peut paraître élevé si l'on ne considère que la qualité supérieure des jardins de Christel, d'une superficie d'environ 45 à 50 hectares; mais ces jardins sont les seules bonnes terres qui se trouvent autour du village. Tout le reste n'est que montagnes, ravins et broussailles: le sol en est rocailleux, tout à fait impropre à la culture, ne pouvant être utilisé que comme bois ou pâturages. Ajoutons qu'il serait peut-être imprudent de réduire à l'excès les dépendances, autrefois si vastes, d'une tribu qui nous a toujours donné des preuves de fidélité; qui, loin d'avoir les habitudes nomades de l'Arabe, vit sous des toits; qui tient essentiellement au sol et qui, englobée bientôt au milieu de la population européenne, se trouvera, en supposant que l'idée lui en vienne jamais, dans l'impossibilité de nous être hostile. Nous avons tout lieu d'espérer que la population indigène de Christel sera une de celles dont les mœurs se modi-

fieront et dont la fusion avec les Européens sera prochaine.
Les indigènes de Christel sont travailleurs : ils cultivent
avec soin leurs jardins, dont ils vendent les produits à Oran;
ils font le commerce du kermès, dont nous parlerons plus
loin, celui du henné et du melrata, plantes employées à la
teinture.

VILLAGE DE TAZOUTE.

Tazoute était dernièrement encore habité par une partie
des gens de Christel, tous réunis aujourd'hui au milieu de
leurs magnifiques jardins sur le bord de la mer : on y comp-
tait 28 familles, dont le nombre aurait pu être plus que
doublé sans le moindre inconvénient; on y voit sur un
joli plateau, au milieu d'un pays accidenté, les ruines d'habitations kabyles grossièrement construites, mais assez
nombreuses pour prouver qu'une population importante a
vécu dans cet endroit. Il n'y a ni cours d'eau ni sources proprement dits à Tazoute; il ne s'y trouve que des puits, dont
les eaux sont abondantes et de bonne qualité. Ces eaux sont
à une si petite profondeur, que souvent elles suintent à la
surface; mais elles disparaissent aussitôt sous un sol trop
spongieux pour qu'elles puissent former ruisseau. Le nombre de ces puits pourrait être augmenté autant que le besoin
s'en ferait sentir; leur position ne paraît pas permettre qu'on
puisse les utiliser pour les irrigations. Les terrains dépen-
dants de ces villages ressemblent à une partie de ceux de
Gudiel, terrains peu propres à la culture des céréales, mais
excellents comme pâturages, et dans lesquels la vigne et
les arbres fruitiers de toute espèce viendraient sans aucun
doute. Les terres à grain, fort bonnes d'ailleurs, ne peuvent

guère être comptées que pour moitié, et les habitants devant surtout s'adonner à l'élève des bestiaux, nous pensons qu'il faudra toujours laisser à chaque famille une superficie assez considérable.

Les terres cultivables sont situées au nord, sur l'Oued-Beni-Ouzian, et à l'est, dans un endroit appelé Teferannette. On ne pourrait mieux choisir, il nous semble, pour l'emplacement de ce village que la partie du plateau qui avoisine la mosquée et les puits actuellement en service. Nous ne devons pas omettre de parler du commerce du kermès (sorte d'insecte qui s'attache aux branches des broussailles et qui est fort recherché pour la teinture): il abonde dans toute la montagne comprise entre la mer et la route d'Oran à Arzew-le-Port, depuis ce dernier point jusqu'à la montagne des Lions; les indigènes le vendent 5 francs la livre, et on nous a assuré que certains d'entre eux en récoltaient quelquefois plus de 12 livres dans une même saison.

HAMEAU D'AIN-DEFLA.

En partant de Christel et en suivant le bord de la mer, vers le nord-est, on rencontre, à environ 1,800 mètres, au pied des escarpements abruptes qui s'étendent jusqu'au cap Ferrat, une petite fontaine d'eau tiède, légèrement ferrugineuse, mais potable; quelques familles pourraient y être placées. Le nombre ne saurait en être considérable, car il ne se trouve dans les environs aucune terre propre à la culture; cependant les gens qui iraient s'y fixer pourraient y élever des bestiaux, et s'y adonner à telle industrie que le peuplement de cette partie du pays fera naître indubitablement.... l'exploitation, par exemple, d'une mine de fer qui n'en est qu'à quelques centaines de mètres; nous avons pu constater l'existence de cette mine, mais il nous a été impossible d'en apprécier l'importance. Nous comprendrons le hameau d'Aïn-Defla pour 4 familles.

CABARET DU COL.

En allant de Gudiel à Christel par le sentier le plus direct et le plus praticable aux cavaliers, on traverse un col où se trouve un petit filet d'eau trop peu important pour qu'on puisse penser y établir un centre de population; d'ailleurs les terres avoisinantes, tout à fait impropres à la culture, sont celles que nous avons réservées comme pâturages pour la population indigène de Christel. Cependant ce sentier sera fréquenté lorsque, Gudiel et Tazoute étant peuplés, les habitants de cette contrée auront à se rendre sur le bord de la mer,.... à Christel, où les barques pourront arriver plus tard. Un cabaret ou auberge sera donc avantageusement placé au col; nous n'y mettrons qu'une seule famille, à laquelle nous laisserons le soin de traiter de gré à gré avec les indigènes pour le parcours de ses bestiaux, etc., etc.

COMMUNE DE GUDIEL.

140 familles. — 6,000 hectares.

VILLAGE DE GUDIEL.

A Gudiel se trouvent des eaux d'une bonne qualité, et assez abondantes pour les besoins d'un village de 120 familles. Les terrains qui entourent cette source ne sont pas

tous également propres à la culture : ceux compris au nord
de la route d'Oran à Arzew sont couverts de broussailles et
de palmiers nains, qui indiquent que la terre végétale ne
manque pas ; néanmoins, ces terrains sont tellement rocailleux, qu'excepté dans certaines parties la charrue ne
pourrait y circuler facilement ; ils offrent de vastes et excellents pâturages pour les bestiaux. La vigne sur les pentes
sud de la montagne y viendrait à merveille, ainsi que les
arbres fruitiers et le mûrier. Au sud de cette même route
d'Oran à Arzew, il existe au contraire d'excellentes terres à
céréales, s'étendant jusqu'à la plaine de Telamine. Il s'ensuit que l'industrie qui nous paraît convenir aux gens qui
iraient se fixer à Gudiel serait :

La culture des grains et de la vigne ;

L'élève des bestiaux et des vers à soie ;

Le commerce des fruits.

Nous parlerons aussi de la possibilité qu'il y aurait d'y
cultiver quelques légumes au moyen d'irrigations faciles, si
l'on ne recule pas devant les dépenses auxquelles entraînerait
la construction de conduits d'eau.

Les terres à céréales ne devant entrer que pour les deux
tiers dans celles à annexer au village de Gudiel, nous pensons qu'il faut baser nos calculs sur la nécessité de réserver,
en moyenne, pour la subsistance de chaque famille une
superficie assez étendue.

Le choix de l'emplacement sur lequel devrait être construit le village peut embarrasser un instant. En effet, si on
le place à la source même, on se trouve sur des berges
trop élevées au-dessus de l'eau pour que le jardinage y soit
possible, et l'on est éloigné de la route d'Oran à Arzew et

de la portion la plus rapprochée des terres cultivables de
2,300 mètres. Si on le place à cheval sur la route actuelle,
qui est la plus directe, les habitants seront plus au centre
de leurs terres et en meilleure condition pour profiter du
passage des voyageurs; mais la question des eaux y devient
une difficulté. Les eaux, toujours abondantes quand elles
sortent de terre, à 2,300 mètres au-dessus, se perdent dans
le trajet lorsque la sécheresse est excessive. Il faudrait donc
faire un conduit pour assurer en toute saison l'arrivée des
eaux jusqu'à la route. Dans cette hypothèse, les irrigations
deviennent faciles sans surcroît de dépenses, et, par suite,
on assurerait la culture des légumes. Enfin, on rencontre
sur une petite éminence, à 150 mètres environ du ravin et
à 1,000 mètres au-dessous de la source, des ruines romaines, sur l'emplacement desquelles on jugera peut-être convenable d'établir le village de Gudiel. Les habitants se trouveraient ainsi placés à l'entrée de la plaine, non loin de
leurs cultures et de leurs pâturages. La route définitive
d'Oran à Arzew pourrait, en ne faisant qu'un faible détour,
passer près du village. Quelques travaux peu importants
suffiraient pour assurer et améliorer le régime des eaux, qui
d'ailleurs, au dire des indigènes, arrivent toujours jusques
là, quelle que soit la sécheresse, lorsque la source n'est pas
sans cesse fréquentée par les bestiaux et lorsqu'on se donne
la peine de nettoyer le lit du ruisseau. Les jardins, il est
vrai, y seraient encore assez difficiles. Les premiers colons y
trouveraient à pied d'œuvre bon nombre de matériaux
pour leurs constructions; et puis, n'est-ce pas déjà une ga-
rantie que de se placer là où s'étaient établis ceux qui ont
occupé le pays avant nous? Nous optons pour ce dernier

emplacement, situé d'ailleurs dans une position des plus salubres.

Assi-Mefessour est un puits que l'on nous a dit assez abondant, et dont les eaux sont potables; il disparaissait, à la date du 17 avril, sous une nappe d'eau qui, en hiver, forme une espèce de mare. La plaine, toute défrichée et bien cultivée, au centre de laquelle se trouve ce puits, peut avoir de 6 à 8 hectares de superficie. Les terrains avoisinants, surtout ceux qui sont au nord, quoique quelques uns soient encore couverts de broussailles, seraient presque tous propres à la culture des céréales s'ils étaient défrichés. Des irrigations y seraient possibles au moyen de norias. Le nombre des puits pouvant être augmenté, nous proposerons d'y placer 20 familles. Nous devons ajouter que c'est par Assi-Mefessour que passeront les routes d'Oran à Arzew-le-Port, de Gudiel à Saint-Denis-du-Sig et d'Oran à Mostaganem. Il est bon de dire aussi qu'à moins de 3 kilomètres à l'est de ce puits se trouve une mare (Redir-Lekal) qui, quoiqu'à sec pendant les grandes chaleurs, servirait accidentellement, et pendant dix mois environ de l'année, pour abreuver les bestiaux. Peut-être trouverait-on d'autres eaux dans les environs si l'on cherchait à faire des puits.

La population d'Assi-Mefessour serait essentiellement agricole.

COMMUNE DE GUESSIBA.

72 familles. — 4,500 hectares.

VILLAGE DE GUESSIBA.

Ce nom rappelle qu'il a existé dans cet endroit, à une

époque que nous ignorons, une sorte de fort ou de kasbah dont les ruines jonchent encore le sol. Ces ruines, couvertes aujourd'hui par les herbes et les arbres des jardins, sont situées sur une croupe, entre deux ravins profonds, dans le lit desquels sont deux sources dont les eaux sont fort bonnes, et qui se réunissent presque immédiatement pour ne plus former qu'un seul et même ruisseau ; ces deux sources, quoique peu abondantes, ne tarissent jamais. Il ne manque pas dans les environs d'el-Guessiba, vers le sud principalement, d'excellentes terres à céréales. Vers le nord, au contraire, on ne trouve qu'un terrain rocailleux, couvert de broussailles et d'herbes qui offrent de vastes pâturages. C'est surtout dans cette dernière direction que devra s'étendre le territoire d'el-Guessiba, car une partie de ce qui est au sud doit être réservée pour la nombreuse population d'Arzew, de Muley-el-Maagoung et d'el-Amia.

La population d'el-Guessiba sera donc dans la nécessité de s'adonner tout spécialement à l'élève des bestiaux. Les terres à céréales n'entreront guère que pour 2/5. Nous donnerons 60 hectares par famille.

Aucune irrigation n'y sera possible.

C'est entre les deux sources, là où était l'ancien fort, qu'il serait convenable, il nous semble, d'élever les nouvelles constructions.

HAMEAU D'ABD-EL-OUÉDIA.

Très-petite source située à 1,500 mètres dans l'ouest-sud-ouest de Guessiba ; nous ne l'avons pas visitée nous-même. On nous a assuré que, même dans les années de plus grande sécheresse, elle ne tarissait jamais, et qu'elle pouvait toujours suffire aux besoins de 4 ou 5 tentes. On en dit les eaux fort bonnes ; d'excellentes terres l'entourent. On serait néanmoins forcé d'y adjoindre des terrains d'une qualité secondaire. Les habitants, comme ceux de Gudiel, de Tazoute et de Guessiba, devraient donc s'y adonner principalement à l'élève des bestiaux. On pourrait y placer 5 familles.

SIDI-BENI-JEBKA.

A 2,000 mètres de Guessiba, vers le nord, dans la montagne et à 300 mètres environ au-dessous de la Zaouïa (marabout et jardin de Sidi-Beni-Jebka), se trouve, dans le lit même d'un ravin qui descend jusqu'à Arzew, un puits dont on dit les eaux bonnes et autour duquel pourraient s'établir deux familles de pasteurs ou de bûcherons. Des pasteurs y trouveraient de vastes pâturages pour leurs bestiaux ; des gardes et des bûcherons y seront peut-être nécessaires un jour, car toutes ces montagnes sont couvertes, comme nous l'avons déjà dit, d'essences d'arbres que les incendies seuls arrêtent dans leur croissance ; certains arbres forestiers, le pin maritime surtout, y prospéreraient sans aucun doute. C'est du côté de Guessiba et de Sidi-Ben-Jebka qu'abonde, bien plus encore que dans les environs de Tazoute et de Gudiel, cette plante, connue dans le pays sous le nom de melrata, qui est employée dans le commerce pour la teinture et dont les indigènes tirent un très-grand parti.

HAMEAU D'OUINKEL.

On nous a assuré qu'il existait sur les bords de la mer, entre la pointe Abuja et le cap Ferrat, une petite fontaine dont les abords , soit par terre, soit avec des embarcations, sont excessivement difficiles et dangereux. Près de là existe, nous a-t-on dit, une mine de fer; nous ne l'avons pas visitée nous-mêmes. Au-dessus de la source il y aurait, au dire des indigènes, un plateau peu étendu sur lequel il serait possible d'établir quelques constructions. Nul doute que, si des intérêts réels l'exigent, l'on ne parvienne à rendre praticables, soit par terre, soit par mer, les communications avec ce point. On peut disposer tout autour de terrains incultes, dans lesquels de nombreux troupeaux trouveraient à vivre. Nous y placerons 5 familles de pasteurs.

Nous ajouterons, non plus sous le rapport de la population agricole, mais au point de vue de l'avenir et du peuplement du pays, que, comme à Aïn-Defla, il existe encore sur le territoire de la commune de Guessiba, près du cap Ferrat, une autre mine de fer, que des personne plus compétentes que nous disent être d'une qualité supérieure. Nous l'avons visitée, et il nous a paru certain qu'elle a dû être exploitée autrefois; il n'y a pas d'eau dans les environs.

COMMUNE D'ARZEW.

200 familles agricoles. — 3,600 hectares.

VILLE D'ARZEW.

La rareté et la qualité des eaux avaient pendant long-temps fait supposer qu'Arzew, malgré sa position géographique tout exceptionnelle, n'était pas susceptible de pouvoir jamais devenir un centre de population important.

mais quelques essais, tentés dans ces dernières années, ne laissent plus aucun doute sur les ressources qu'on peut y trouver sous ce rapport. Grand nombre de puits ont été creusés sous le canon du fort; les premiers ne donnaient qu'une eau saumâtre et désagréable au goût, mais potable et reconnue n'être en rien nuisible à la santé. Les plus récents ont fourni des eaux d'une meilleure qualité, et tout fait supposer que, si les recherches se multipliaient, on finirait par trouver sur les lieux mêmes des eaux assez abondantes et d'une qualité telle, qu'elles pourraient suffire à tous les besoins d'une population nombreuse. D'un autre côté, MM. les officiers du génie ont constaté la possibilité de faire venir jusque sur le rivage, dans l'intérieur de la ville même, les eaux des sources de Muley-el-Maagoung, éloignées vers le sud-ouest d'environ 6 kilomètres. Les projets, établis avec le plus grand soin, portent les dépenses qui en résulteraient à environ 80,000 francs. Le Gouvernement, avant de mettre ce projet à exécution, veut savoir si le puits artésien qu'on fore en ce moment, et qui est déjà arrivé à une profondeur de 85 mètres, a ou non quelques chances de réussite.

La question des eaux n'est donc plus un obstacle au peuplement et à l'avenir d'Arzew, qui, située dans une position des plus salubres, à demi-distance entre Oran et Mostaganem, au centre d'un pays qui ne peut manquer de se couvrir d'établissements européens, sera bientôt un des ports les plus importants de la côte d'Afrique.

La population d'Arzew ne sera pas seulement agricole; tous les genres d'industrie pourront s'y trouver réunis. Le commerce des grains, de la soie, du bois, des fruits, des bestiaux, etc., etc.; l'exploitation des riches salines, qui n'en sont qu'à quatre lieues vers le sud-sud-est ; celle des mines que l'on dit exister dans la montagne, et la pêche, y emploieront plus tard un grand nombre de bras.

Déjà il a été arrêté, par ordonnance royale du 12 août 1845, qu'un centre de population de 1,500 à 2,000 âmes serait créé à Arzew. En même temps, il a été acheté au sieur Bel-Caïd une superficie de 1,800 hectares de bonnes terres, qui forment le territoire de la ville.

Les habitants d'Arzew ne devant pas tous s'adonner à la culture du sol, le nombre des familles à fixer sur ce point pourra être indéfiniment augmenté, sans avoir égard à la superficie de la commune. Cependant, aux 1,800 hectares déjà réservés on peut en ajouter encore, ce qui permet de porter à 130 le nombre des familles agricoles.

La population européenne d'Arzew pourrait donc être portée à 300 familles, dont 130 agricoles et 170 commerçantes.

VILLAGE DE MULEY-MAAGOÜNG, PRÈS DU MARABOUT DE MULEY-EL-MAGOUN.

Sur la route directe d'Oran à Arzew-le-Port, à 6,000 mètres avant d'arriver à ce dernier point, se trouvent deux sources remarquables par la quantité d'eau qu'elles débitent. De vastes et excellentes terres, situées au nord, au sud et à l'ouest, avoisinent ces sources. On peut y placer une nombreuse population, malgré le projet arrêté de réserver une partie des eaux pour Arzew, où elles arriveraient facilement au moyen d'un conduit. Ce projet est subordonné au forage du puits artésien, auquel on travaille en ce moment. Quoi qu'il advienne, les eaux de Muley-el-Maagoung sont assez

abondantes pour que 5o familles puissent y être établies.
Les terres dont nous pouvons disposer sur ce point étant
toutes cultivables et d'excellente qualité, 18 hectares par
famille suffiraient. Les irrigations y seraient impossibles,
le jardinage nul par conséquent.

Le village ne pourrait être mieux placé qu'à cheval sur
le sentier actuel qui conduit d'Oran à Arzew, à la hauteur
du marabout de Muley-el-Maagoung, sur la rive droite du
ravin et au sud des sources.

EL-AMIA ET LE RAVIN.

Rien ne s'opposerait à ce que plusieurs établissements
isolés fussent créés sur l'une ou l'autre rive du ravin,
depuis le marabout jusque dans la plaine basse d'Arzew.
En effet, les sources de Muley-el-Maagoung, qui sortent de
terre dans le lit d'un ravin profond, forment immédiatement un ruisseau qui se dirige vers la mer. Ce ruisseau,
à moins de 1,000 mètres au-dessous du marabout, reçoit
par sa gauche une nouvelle source appelée Aïn-el-Amia.
Plus loin encore, à 2 kilomètres d'El-Amia, il reçoit le
filet d'eau qui descend de Guessiba. Ces eaux sont bonnes
depuis les sources jusqu'au confluent; mais, à partir de ce
point, elles deviennent tout à coup saumâtres et se perdent
dans le lit du ravin avant d'arriver à Arzew. C'est donc
d'un point plus élevé que ce confluent que devra nécessairement partir la tête du conduit destiné à amener des eaux
potables jusque sur le rivage.

Nous porterons à 20 le nombre des familles groupées
autour d'El-Amia ou dispersées sur le ravin.

COMMUNE DE BETEOUA.

100 familles.—2,425 hectares.

———

VILLAGE DE BETEOUA (Vieil-Arzew).

Il s'y trouve de l'eau dans trois endroits différents, savoir :
1° à deux puits ou sources situés à quelques mètres l'un de
l'autre, au pied nord du plateau sur lequel sont actuellement les habitations des gens de Beteoua ; 2° à un puits assez profond situé dans l'intérieur même de la mosquée, sur
la hauteur : ce puits donne des eaux d'une qualité très-su-
périeure à celles des deux premiers. Les eaux, qui pourraient
suffire aux besoins d'une population beaucoup plus considérable que celle des Beteoua qui s'y trouvent réunis en ce
moment, au nombre de 75 familles, ne sont point cependant assez abondantes pour que l'on puisse comprendre,
au premier abord, comment a pu vivre concentrée sur ce
point une population aussi nombreuse que celle qui a dû
habiter la ville romaine, dont les immenses ruines attestent
encore la splendeur ; mais en visitant ces ruines on rencontre une grande quantité de citernes et les traces d'un
conduit qui paraît avoir servi à amener jusque dans la partie
basse de la ville les eaux de Chabat-el-Raïs. Dès lors tous
les doutes sont levés.

Bien que ce point soit un des plus favorables pour la colonisation, nous avons pensé qu'il y avait lieu de le réserver
exclusivement pour les Beteoua, de même que nous avons
réservé Christel pour les gens de Christel ; mais ici les terres
céréales sont meilleures, et il y en a une plus grande quan-

tité que dans les montagnes comprises entre Arzew-le-Port
et le cap Canastel. Nous avons basé nos calculs sur une
superficie de 25 hectares par famille indigène, soit : donc
1,875 hectares pour les 75 familles de Beteoua. Cette réserve laisse encore 2,425 hectares disponibles pour le reste
de la commune, et ayant égard surtout à ce que Beteoua
se trouve sur la route directe d'Oran à Mostaganem et en
un lieu de bivouac presque obligé, on pourrait y placer, à
côté du village indigène, un centre de population européenne. Le village des indigènes resterait sur le plateau, là
où il est en ce moment, ayant ses terres à grain vers le sud
et le sud-est. Le village européen serait placé dans la partie
basse, près de l'auberge tenue par le sieur Ritter, ayant
toutes ses terres à céréales entre la mer et le pied des escarpements jusque vers la Macta. Indigènes et Européens ne
pourraient puiser simultanément aux mêmes puits : moitié
seraient exclusivement réservée pour les uns, moitié pour
les autres. Il y aurait lieu aussi de procéder à la répartition
des jardins potagers susceptibles d'être arrosés ; nous y
placerons 50 familles européennes et donnerons à chacune d'elles une superficie de 25 hectares.

Nous ne quitterons pas les Beteouas sans faire remarquer
que, comme les gens de Christel, ils font exception au milieu de la population indigène : ils n'ont point les mœurs
du nomade ; ils vivent sous des maisons, tiennent au sol et
sont toujours restés étrangers aux troubles qui, à plusieurs
reprises, ont agité le pays ; ils acceptent très-volontiers le
contact et le voisinage des Européens. Il y a donc de grands
avantages et peu d'inconvénients, dans cette circonstance,
à accoler l'un à l'autre les deux villages dont nous avons

parlé : c'est de là que sortira la fusion, si jamais il doit y avoir fusion entre les chrétiens et les musulmans de l'Algérie.

HAMEAU DE CHABAT-EL-RAY.

Source dont les eaux sont bonnes et ne tarissent jamais, quoique diminuant sensiblement dans les années de sécheresse, au point de ne pouvoir arriver jusque dans la plaine. Cette source sort de terre dans le thalweg d'un ravin extrêmement profond, mais dans lequel, cependant, on peut facilement descendre à cheval. D'excellentes terres à céréales, toutes encore couvertes de broussailles et qu'il faudrait par conséquent défricher d'abord, se trouvent sur les plateaux qui s'étendent au sud et sur les deux rives du ravin. En aval, là où l'on commence à arriver dans la plaine basse, au nord, des irrigations seraient possibles, en y amenant les eaux de la source au moyen d'un conduit fort simple et peu dispendieux à établir. Nous avons dit, en parlant du village de Beteoua, que nous avions retrouvé les restes d'un conduit romain qui devait avoir pour objet de faire arriver jusqu'au pied du Vieil-Arzew les eaux de Chabat-el-Ray : c'en est assez pour faire comprendre la possibilité d'avoir des jardins dans la plaine basse. On peut placer près de cette source 3o familles.

A 1oo mètres environ au-dessous de la source, le lit du ravin s'élargit et renferme un joli plateau exposé à la brise de mer, sur lequel le hameau serait avantageusement placé ; cependant ce petit plateau est dominé par les deux berges fort élevées du ravin, et peut-être préférera-t-on établir le hameau sur les hauts plateaux : dans ce cas l'eau serait moins à portée des habitants, pour qui les communications en voiture avec le littoral seraient aussi plus difficiles. Sous le rapport de la salubrité nous ne pensons pas qu'il puisse exister une grande différence entre les deux emplacements, quoique l'air soit beaucoup plus vif sur les plateaux. Nous donnerons en définitive la préférence à la position située dans le lit même du ravin.

HAMEAU DE TSEMAMID.

Entre les deux routes actuelles d'Oran à Arzew-le-Port et d'Oran à Beteoua, à 3 kilomètres à l'est de Muley-el-Maagoung et à 5 kilomètres dans le sud d'Arzew, il existe deux sources qui sortent l'une et l'autre du lit de deux ravins et se réunissent presque immédiatement, pour ne plus former qu'un seul ruisseau. L'une de ces sources donne des eaux fort bonnes; elle paraissait débiter à la date du 18 avril, de 5 à 6 litres par minute. L'autre, moins abondante, donne des eaux d'une qualité inférieure, mais cependant fort potables; on nous a assuré qu'elle ne tarissait jamais. On pourrait y placer 20 familles.

Tous les terrains avoisinants sont propres à la culture des céréales; ils sont aujourd'hui couverts de broussailles et de palmiers nains. Il y aurait, par conséquent, à faire, du reste comme presque partout, des défrichements considérables. Nous ne voyons aucune position à indiquer plus particulièrement qu'une autre pour l'emplacement du hameau.

COMMUNE D'ASSI-EL-HAMOUD.

100 familles. — 5,000 hectares.

VILLAGE D'ASSI-EL-HAMOUD.

Assi-el-Hamoud est un puits fort abondant, dont les eaux

sont excellentes; il est situé à environ 1,800 mètres au nord-est de l'extrémité orientale des salines d'Arzew, sur la route d'Arzew à Saint-Denis-du-Sig; en ce moment il n'y a qu'un seul puits en service; mais les Arabes nous ont fait remarquer les traces de plusieurs autres qui sont à moitié comblés depuis très-peu d'années seulement. Les eaux de ces différents puits n'étaient pas toutes, dit-on, de la même qualité. Les plus mauvaises étaient cependant fort potables: c'est là que sont obligés de venir prendre leur eau les ouvriers employés à l'extraction du sel de la Sebgha, qui sont logés dans une baraque sur le bord même du lac. Toutes les terres avoisinantes sont propres à la culture des céréales; nous y avons vu des blés et des orges de la plus belle venue. Des irrigations y seraient possibles, à l'aide de norias. De vastes terrains, qui s'étendent au loin vers l'ouest, permettraient aux habitants de ce village d'avoir de nombreux troupeaux.

Déjà là commence la forêt de Muley-Ismaël qui, par suite de la négligence des Arabes envahit toute cette contrée plus propre réellement à l'agriculture proprement dite qu'au commerce du bois. Nous annexerons au village d'Assi-el-Hamoud une superficie de 5,000 hectares pour les 100 familles qu'on pourrait y placer. Cette superficie, qui donne 50 hectares par famille, permettra aux habitants de se livrer à tel genre d'industrie qui leur paraîtra le plus lucratif. Une partie des gens d'Assi-el-Hamoud, trouverait facilement à se faire employer à l'exploitation des salines, ce qui n'empêcherait en rien l'établissement tout spécial que les entrepreneurs ou adjudicataires desdites salines ont déjà commencé.

Le village placé à Assi-el-Hamoud, bien que ce soit le seul

endroit où il y ait des eaux potables à près de 3 lieues à la ronde serait trop éloigné du lieu où doit se manipuler le sel pour que les ouvriers y fussent habituellement réunis. La population de ce village serait par conséquent partie agricole, partie industrielle, et partie composée de bûcherons et de charbonniers ; ce devrait être aussi la résidence d'un garde forestier.

L'emplacement du village dépendra essentiellement du tracé définitif de la route d'Arzew à Saint-Denis-du-Sig, sur laquelle il devra se trouver à cheval, en supposant que cette route ne passe pas à une trop grande distance des puits, dont le nombre d'ailleurs, nous paraît pouvoir être augmenté autant qu'on le désirera. C'est près de ces puits, dans le S. E., à moins de 1,000 mètres que se trouve une des stations télégraphiques de la ligne d'Oran à Mostaganem.

CHEFAFRA.

Les Arabes, depuis longtemps, nous parlaient d'un fleuve souterrain qu'aucun Européen n'avait encore visité ; nous nous y fîmes conduire et nous trouvâmes à 9 kilomètres environ de Gudiel, sur les plateaux qui s'étendent au S. du bassin de Telamine, en un lieu dit Chefafra, une excavation en forme d'entonnoir ; nous y descendîmes et pénétrâmes par un trou pratiqué à l'extrémité inférieure, dans une grotte au fond de laquelle coulent, en effet, des eaux abondantes, mais saumâtres : les indigènes, cependant, en boivent volontiers. Il nous a semblé que ces eaux pouvaient être à 12 ou 15 mètres au-dessous de la partie supérieure du sol. En ce moment on ne peut y puiser qu'avec la plus grande difficulté. Les travaux à faire pour rendre accessibles les abords de ces eaux seraient fort simples et peu dispendieux. Les indigènes sur le territoire des quelselles se trouvent nous ont assuré qu'ils consentiraient à coopérer pour une somme de 1,000 francs aux améliorations que nous voudrions y faire : c'est la meilleure preuve que nous puissions donner que ces eaux ne sont pas sans valeur. Les anciens du pays affirment encore qu'à une époque qui ne serait pas fort éloignée, il y avait là un puits et une noria qui permettaient d'élever les eaux et de les diriger, au moyen d'un conduit, sur un champ voisin d'une superficie d'environ 3 ou 4 hectares. L'excavation dans laquelle nous sommes descendus ne serait autre chose que l'ancien puits aujourd'hui comblé en partie.

Nous pensons que, quelle que soit la destination que l'on veuille donner à Chefafra, il importe d'y rétablir le puits et la noria. Puis nous laisserons à d'autres le soin d'opter entre les projets suivants :

1° Y établir 8 ou 10 familles de colons ;

2° Si les eaux sont reconnues ne pas être d'assez bonne qualité, se contenter d'y faire des abreuvoirs où pourraient venir se désaltérer, pendant les grandes chaleurs, les troupeaux des villages d'Assi-el-Hamoud, dont les pâturages s'étendraient jusque de ce côté.

COMMUNE D'HADJA-RÉIRA.

70 familles. — 4,500 hectares.

De toutes les communes dont nous nous occupons dans cette notice, celle d'Hadja-Réira est, sans aucun doute, la moins heureusement partagée sous le rapport des eaux. Sur tout le territoire que nous lui avons assigné, il ne se trouve

que le puits d'Hadja-Réira et ceux d'Assian-Guyès, dont les
eaux sont abondantes, il est vrai, mais de bien médiocre
qualité.

En revanche, il y existe, au milieu d'un pays encore couvert de bois et de broussailles, bon nombre de vallons et
de bassins fertiles que les indigènes cultivent avec soin. L'o-
livier y abonde, malgré les incendies et les ravages des bestiaux. La vigne, le figuier et tous les arbres forestiers, le pin
maritime surtout, y prospéreraient bien certainement aussi.
Ajoutons qu'il est plus que probable que ces eaux ne sont pas
les seules qu'on puisse y trouver, et que des forages bien
entendus permettraient d'en découvrir plusieurs autres. La
commune d'Hadja-Réira, quoique moins préparée que les
autres à recevoir immédiatement une nombreuse population
européenne, n'en est pas moins propre à la colonisation ;
les habitants devraient s'adonner à l'élève des bestiaux, des
chevaux, etc., etc.; à la culture de l'olivier, etc., etc.

Le voisinage des salines et de la forêt de Muley-Ismaël
serait aussi pour eux une source de produits.

VILLAGE D'HADJA-RÉIRA.

Le puits d'Hadja-Réira est situé dans un vallon très-fertile, au milieu des collines qui bordent la rive occidentale
des salines, dont il est peu éloigné. Les terres qui avoisinent
ce puits ressemblent essentiellement à celles qui s'étendent
au S. de Bou-Fatis et n'attendent que le travail de l'homme
intelligent pour fournir de belles et riches moissons. De
jeunes oliviers sont dans les meilleures conditions pour être
greffés. La population d'Hadja-Réira ne serait donc pas seulement agricole. Nous proposons d'y placer 5o familles. Ces

eaux étant les seules qui existent de ce côté, nous sommes forcés d'y concentrer une population assez forte, pour que ce point puisse être le chef-lieu de la commune.

HAMEAU D'ASSIAN-GYÈS.

Les puits d'Assian-Gyès sont situés non loin de la pointe S. O. de la plaine proprement dite de Telamine. Quoique ne fournissant en ce moment que des eaux de médiocre qualité, ils sont fort utiles pour les indigènes, qui ne répugnent nullement à les boire et qui s'en servent surtout pour leurs bestiaux. Nous pouvons disposer tout autour d'une superficie considérable; mais les eaux d'Assian-Gyès n'étant pas de très-bonne qualité, nous ne pensons pas qu'on doive y placer plus de 20 familles. Des irrigations y seraient faciles, et les pâturages qui s'étendent vers le S. E. permettraient aux habitants d'entretenir de nombreux troupeaux. Parmi les terres à annexer au hameau d'Assian-Gyès, il se trouve des bois de pins et d'oliviers dont des colons intelligents et laborieux pourraient tirer un grand parti. On y rencontre aussi parfois quelques vallons sans eau qui nous ont paru être de qualité supérieure pour la culture des céréales. A 5 kilomètres dans l'E., on nous a fait voir le puits d'Assi-el-Bezim, que les Arabes ont creusé jusqu'à une profondeur de 14 hauteurs d'homme sans trouver d'eau.

COMMUNE D'ASSI-MOUSSA-TOUIL.

150 familles. — 4,000 hectares.

VILLAGE D'ASSI-MOUSSA-TOUÏL.

Les puits dits Assi-Moussa-Touïl sont situés dans la plaine du Tlélat, sur une des routes de traverse d'Oran à Saint-

Denis-du-Sig, et au pied des collines qui s'étendent de l'ouest à l'est depuis la pointe orientale de la Sebgha jusque chez les Beteouäs. Ces puits, assez nombreux autrefois, se sont comblés faute d'entretien, de telle sorte qu'il n'en reste plus aujourd'hui qu'un seul qui soit en service, et encore est-il en si mauvais état et rempli de tant de saletés, qu'il est difficile d'y puiser et que l'eau en est détestable. Il y a deux ans à peine que nous-même y avons trouvé des eaux potables et abondantes. Il suffirait donc de refaire avec soin tous ces puits, d'une profondeur d'environ 5 à 6 mètres, pour qu'il fût possible d'établir sur ce point un centre de population chrétienne. Ce village devrait et pourrait être considérable (150 familles au moins), car Assi-Moussa-Touïl est dans un des pays les plus fertiles, où tout est défriché et en parfait état de culture, dans une position salubre et à bonne distance d'Oran. Presque toutes les terres sont susceptibles d'être immergées par les eaux du Tlélat, au moyen de barrages et de canaux d'irrigation que les Turcs entretenaient avec le plus grand soin, et que les Arabes refont encore tous les ans. Cette plaine est si horizontale, que les eaux de la rivière peuvent, presque sans travail, être conduites dans toutes les directions ; toutefois, nous ne devons pas omettre de dire que, dans certaines années, les eaux du Tlélat disparaissent avant d'arriver jusqu'à cette partie de la plaine. Nous aurons occasion de parler plus en détail du régime de cette rivière lorsqu'il sera question du village à établir au point où la route définitive d'Oran à Mascara la traversera. Nous y dirons que nous ne croyons pas impossible d'aller prendre les eaux du Tlélat au-dessus de l'endroit où elles disparaissent et de les amener en toute saison

aussi loin qu'on le voudra au moyen de conduits, etc., etc.
Enfin la disposition du terrain permettrait facilement d'utiliser pour les irrigations les eaux mêmes d'Assi-Moussa-
Touïl et celles d'autres puits qui, peu éloignés des premiers
vers l'ouest, ne servent en ce moment, tant les eaux en sont
mauvaises, qu'à abreuver les chevaux et les bestiaux. Nous
ne sommes pas convaincus que, si ces puits sont bien net-
toyés et entretenus avec soin, les eaux n'en soient pas aussi
bonnes que celles d'Assi-Moussa-Touïl. Nous pensons aussi
qu'en creusant on trouverait d'autres puits d'une profondeur de 5 à 6 mètres dans toute cette partie de la plaine.
Cette année, où la sécheresse a été excessive et où les récoltes sont presque partout perdues, nous avons vu tout
autour d'Assi-Moussa-Touïl des orges et des blés de la plus
belle venue. Nous ne craignons pas d'avancer que le village
d'Assi-Moussa-Touïl serait, sous le rapport de l'agriculture
proprement dite, le plus avantageusement placé de tous
ceux dont nous parlons ici. Nous avons dit que tout était
défriché, qu'il n'y avait aucun travail préparatoire à faire
pour la mise en culture immédiate des terres, et que, par
conséquent, les agriculteurs pourraient y récolter dès la
première année. On pourrait donc placer dans la commune
d'Assi-Moussa-Touïl un nombre très-considérable d'agriculteurs; mais nous ne connaissons sur tout ce territoire que les
puits mêmes d'Assi-Moussa-Touïl, près desquels on ne peut
guère grouper plus de 150 familles. Ce chiffre augmentera
bien certainement plus tard, lorsqu'on aura trouvé dans
cette contrée de nouvelles eaux, ce qui ne peut manquer.

COMMUNE DE BOUFATIS.

110 familles. — 5,550 hectares.

COMMUNE DE BOUFATIS.

Ces puits se trouvent sur une des routes d'Oran à Mascara, route très-fréquentée par les indigènes avant qu'il y eût un pont sur le Sig et que parcourent encore aujourd'hui les gens de la tribu des Garrabas, dont les principaux campements sont habituellement dans les plaines comprises entre la forêt de Muley-Ismaël et les marais, à la hauteur de Sidi-Lachdar et de l'Ariche. Elle est en outre suivie par les gens des environs d'Oran qui vont chercher du bois dans la forêt ou prendre du sel dans la Sebgha (el-Melah). Boufatis est un des points les plus favorables de la province pour l'établissement d'un centre de population européenne.

Placé à bonne distance d'Oran, d'Arzew et de Saint-Denis, à peu près au centre du triangle formé par ces trois points, à une lieue et demie au plus des salines, sur la lisière de Muley-Ismaël et au bord d'une plaine d'une fertilité remarquable, le village de Boufatis pourrait réunir rapidement plusieurs genres d'industries importantes :

L'élève des bestiaux et des chevaux;

La culture des céréales et des légumes.

Les plantations, l'exploitation de la forêt et l'extraction dn sel y emploieraient bien vite un grand nombre de bras. Ajoutons que lorsqu'on s'avance vers le sud, en passant entre la Sebgha et la Dayat-Oum-el-Relaz, on est frappé de la grande quantité d'oliviers qui abondent dans la forêt. Ces oliviers, que les incendies dévorent périodiquement avant qu'ils aient pu atteindre une grande élévation, sont tous en ce moment dans les meilleures conditions pour être greffés avec succès. Cette branche de commerce sera, sans aucun doute, une des plus importantes pour le village de Boufatis.

Dans les terrains qui avoisinent Boufatis, la vigne et la pomme de terre viendraient à merveille; nous pensons que plus que d'autres ils auraient besoin d'engrais. Nous avons dit que des irrigations y seraient faciles.

Enfin, on trouve dans le sud-sud-est, à environ 5 kilomètres, la Dayat-Oum-el-Relaz, qui n'est jamais à sec, et dont les eaux sont potables et fort bonnes pour les bestiaux.

Nous pensons pouvoir placer à Boufatis une population de 100 familles.

DAYAT-OUM-EL-RELAZ.

Les eaux de la Dayat-Oum-el-Relaz sont bonnes, et il existe tout autour, au sud, au nord, surtout vers l'est, dans la vallée qui s'étend jusqu'aux salines, d'excellentes terres à céréales. On est donc porté, au premier abord, à croire qu'il y a lieu de placer dans cette contrée un centre de population européenne; mais le voisinage de la Dayat la rend malsaine au moment des grandes chaleurs. Nous ne pensons pas, en conséquence, qu'on puisse y établir un centre de population aussi important que celui que comporteraient et la quantité d'eaux potables qui s'y trouvent et la quantité de terres dont nous pouvons disposer. Cependant la surveillance et l'exploitation de la forêt de Muley-Ismaël nécessiteront dans son voisinage un certain nombre de gardes forestiers et de bûcherons. On devra les répartir dans les villages et hameaux qui entourent la forêt; mais ces centres de population seront trop éloignés les uns des autres pour qu'il soit possible de ne pas avoir recours à d'autres établissements. La rareté des eaux sera peut-être un obstacle insurmontable pour les placer dans la forêt même. Aussi, sera-t-on forcé, malgré l'insalubrité, non encore suffisamment constatée, des environs de la Dayat-Oum-el-Relaz, d'y faire un hameau d'environ 10 familles.

COMMUNE DU TLÉLAT.

260 familles. — 6,000 hectares.

VILLAGE DE TNAZET.

A Tnazet, il existe 8 puits de 10 mètres de profondeur, dont les eaux sont fort bonnes. On avait eu l'idée, un instant, de faire passer par Tnazet la route définitive d'Oran à Mascara. On semble avoir renoncé à ce projet, qui obligerait à un détour qu'il est préférable d'éviter, si, comme nous le dirons en parlant du village du Tlélat, on peut assurer l'arrivée en toute saison des eaux de la rivière au point où est aujourd'hui l'auberge du sieur Bonnemaison. Quoi qu'il en soit, Tnazet est dans les meilleures conditions pour l'établissement d'un gros centre de population chrétienne. Toute cette plaine, la plus fertile que nous connaissions, doit être considérée (qu'on nous passe l'expression) comme le grenier d'Oran; il importe qu'elle soit livrée tout entière à des agriculteurs européens. Les puits de Tnazet et le Tlélat étant les seules eaux qui se trouvent actuellement sur le territoire de cette commune, nous ne pouvons y établir les agriculteurs que groupés en deux centres, quoique nous ayons à notre disposition une superficie considérable. Nous porterons Tnazet pour 100 familles.

VILLAGE DU TLÉLAT.

Plus en avant et plus exposé, par conséquent, que tous ceux dont nous nous sommes occupés jusqu'ici, le centre de population que nous nous proposons d'établir sur l'Oued-Tlélat pourrait déjà rentrer dans la catégorie des villages routiers. Cependant tout le pays, jusqu'à Oran et la mer, dont il ne serait éloigné que de 28 kilomètres et où il n'y aurait plus une seule tribu indigène, serait occupé par une suite successive de villages ou hameaux et par une population chrétienne assez dense. Il n'aurait donc rien à craindre sur ses derrières et ne serait point isolé. Le chiffre des hommes en état de porter les armes des deux villages du Tlélat et de Tnazet, qui ne formeraient qu'une seule commune, serait assez imposant pour faire face à toutes les éventualités. Il ne faut pas oublier, d'ailleurs, que jamais, même au plus fort de l'insurrection de 1845, cette contrée n'a été inquiétée, et que les aubergistes du Tlélat n'ont pas cessé un seul instant d'habiter leurs maisons. Nous ferons remarquer enfin que, situé à la bifurcation des routes définitives d'Oran à Mascara et à Sidi-bel-Abbès, à moitié distance entre la première de ces trois villes et Saint-Denis-du-Sig, au centre d'une plaine fertile et en un lieu de halte presque obligé pour tout ce qui est dirigé sur Mascara et Sidi-bel-Abbès, le village du Tlélat se trouvera dans d'excellentes conditions d'avenir. Nous venons de reconnaître en principe la néces-

sité de créer un centre de population chrétienne sur le Tlélat; mais nous ne pouvons, quant à présent, être fixés sur
l'emplacement même du village : cet emplacement dépend
essentiellement du tracé définitif de la route de Mascara,
puisqu'il faut que le village soit à la fois sur cette route et
sur la rivière. Une difficulté se présentait : il arrive dans
certaines années, très-rarement il est vrai, que les eaux du
Tlélat, toujours abondantes jusqu'au marabout de Sidi-bel-
Reïr, disparaissent avant d'atteindre le point où la route
actuelle d'Oran à Mascara traverse le lit de la rivière. Ce
fait ne s'est produit, à notre connaissance, qu'une seule fois
depuis l'année 1840; mais alors les convois étaient obligés
de faire un détour assez grand pour aller chercher plus haut,
sur le Tlélat, un lieu de bivouac où l'on pût avoir de l'eau,
et l'on en a conclu qu'avant d'accepter pour définitif le
tracé de la route aujourd'hui suivie, il fallait être certain
que l'eau n'y manquerait jamais. A plus forte raison, cette
condition doit-elle être remplie avant qu'il puisse être question d'y établir un village. Le génie militaire avait essayé de
forer près de l'auberge du sieur Bonnemaison des puits,
qui furent creusés jusqu'à une profondeur de 25 mètres sans
qu'on ait trouvé l'eau; on y a renoncé, et aujourd'hui les
ponts et chaussées et le génie paraissent décidés à adopter
le tracé actuel de la route de Mascara, en assurant l'arrivée
des eaux du Tlélat jusqu'à l'auberge du sieur Bonnemaison,
au moyen d'un conduit qui irait les prendre jusque dans
les environs du marabout de Sidi-bel-Reïr.

La construction de ce conduit serait facile et peu dispendieuse. Prolongé plus tard en aval du village du Tlélat, il
permettrait, en toute saison et toutes les années, l'irrigation

de la plaine jusque vers le village d'Assi-Moussa-Touïl. Nous avons déjà dit que ces irrigations étaient faciles et fort importantes lorsque le Tlélat n'était point à sec; il ne faut donc pas les négliger, puisqu'on peut, avec quelques travaux, les rendre toujours possibles.

Nous voulons au Tlélat 160 familles.

TERRITOIRE CIVIL DE MOSTAGANEM.

140 familles. — 2,800 hectares.

Les environs de Mostaganem, la partie surtout connue sous le nom de vallée des Jardins, étaient, sous les beys, couverts d'une quantité considérable de maisons isolées (12 ou 1,500 peut-être) qu'habitaient des Turcs, des Coulouglis et des Hadars. Ces habitations, abandonnées successivement depuis 1830, sont toutes aujourd'hui en ruines, sans que personne (Européens ou indigènes) se soit encore occupé ni de les restaurer ni même de cultiver les terres qui en dépendaient. Et cependant, nulle part en Afrique, nous n'avons de position aussi favorable à la petite culture. Quantité d'arbres de toute espèce, des figuiers principalement, sont encore debout, et n'attendent qu'une main laborieuse et intelligente pour se couvrir de fruits. Enfin, l'eau ne manque pas, bien qu'il n'y ait ni sources ni ruisseaux. Chaque habitation avait des puits de 5 à 6 mètres de profondeur, donnant des eaux de bonne qualité. Il faut se hâter de repeupler cette vallée aujourd'hui déserte; mais, pour que les colons qui iront s'y fixer isolément y soient suffisamment à l'abri, nous proposons de les entourer par quelques gros centres de population derrière lesquels les Européens pourraient se placer comme l'étaient autrefois les indigènes : les uns isolément, les autres réunis par groupes ou hameaux de 10 à 20 familles.

Dans la banlieue de Mostaganem, l'administration civile a créé à Mazagran un centre de population qui, avec une ou deux annexes, sera définitivement de 100 familles, ayant un territoire de 1,228 hectares. Partie du territoire de cette commune se trouve dans l'intérieur du territoire communal de Mostaganem, partie sur le territoire soumis à la juridiction civile, partie enfin sur le territoire mixte ; nous n'en parlons que pour ordre, ainsi que de 40 autres familles agricoles environ qui pourraient encore trouver place à Aïn-Assi-Bou-Mann, sur le ruisseau même de Mostaganem et sur quelques terrains qui resteront disponibles après avoir retranché de cette banlieue, fort peu étendue d'ailleurs, 1,228 hectares pour la commune de Mazagran et 300 environ pour le haras.

COMMUNE D'ASSI-TOUNIN.

160 familles. — 3,000 hectares.

VILLAGE D'ASSI-TOUNIN.

Les puits connus sous le nom d'Assi-Tounin se trouvent à environ 11 kilomètres à l'est de Mostaganem, sur la route qui conduit dans le Dahara au moyen d'un pont de bateaux provisoire établi sur le Cheliff à Mechera-el-Hadjeur.

Le besoin de communiquer toujours rapidement et facilement avec le Dahara rendra sans doute nécessaire la construction sur le Cheliff, à Mechera-el-Hadjeur, d'un pont en maçonnerie et l'achèvement de la route qui passe déjà à Assi-Tounin. Cette route peut donc, dès aujourd'hui, être considérée comme définitive, et un village placé sur ce point y serait dans de très-bonnes conditions d'avenir. Il serait d'ailleurs peu distant de Mostaganem, au milieu d'excellentes terres dont nous pouvons disposer, et il compléterait, comme nous l'avons déjà dit, avec la Stidia, Aïn-Nouïsi, Masera et Assi-Mamache, la ligne derrière laquelle d'autres colons pourront s'établir isolément et en toute sûreté dans la vallée des Jardins et le reste de la banlieue de Mostaganem. Les habitants d'Assi-Tounin pourront élever des vers à soie, des bestiaux et des chevaux, très réputés dans le pays des Medjhers, cultiver le blé, l'orge, la vigne, les melons, les citrouilles, les figuiers.

Les eaux sont bonnes et abondantes. Ces puits sont si peu profonds qu'on peut y puiser à la main. Les Arabes prétendent que, s'ils étaient convenablement maçonnés, les eaux s'élèveraient au-dessus de la surface du sol de manière à pouvoir servir immédiatement pour les irrigations. Nous mentionnons purement et simplement ce fait, que nous n'avons pu vérifier, et que par conséquent nous ne garantissons pas.

Le village d'Assi-Tounin devrait être de 100 familles.

HAMEAU DE SIDI-ABD-EL-KADER.

Près du marabout de Sidi-Abd-el-Kader, à environ 3 kilomètres à l'ouest d'Assi-Tounin, sur la lisière même des jardins de Mostaganem, se trouve un puits dont les eaux sont bonnes, et près duquel on pourrait placer un hameau de 50 familles; il ferait partie de la commune d'Assi-Tounin.

Les terres dépendantes de ce hameau étant de même nature que celles du village précédent, il faudrait donner à chaque famille une superficie égale.

HAMEAU DE BOU-CHAREB.

Cette source, dont les eaux sont bonnes, mais qui est peu abondante, est située dans l'ouest d'Assi-Tounin, à peu près à moitié distance entre ces puits et la mer, dans la direction de Mostaganem; nous ne pensons pas qu'il soit possible d'y placer plus de 10 familles.

COMMUNE D'ASSI-MAMACHE.

130 familles. — 3,000 hectares.

VILLAGE D'ASSI-MAMACHE.

Assi-Mamache est un puits de 9 mètres de profondeur, dont les eaux sont abondantes et bonnes. Il est situé déjà assez loin à l'ouest de la pointe occidentale des jardins, dans le prolongement de la même vallée. Les terres avoisinantes sont fertiles, moins sablonneuses qu'à l'est et plus propres à la culture des céréales. C'est une fort belle position pour la création d'un centre de population chrétienne. Ce village pourrait être de 100 familles au moins, puisqu'il sera toujours facile d'augmenter le nombre des puits, et que le territoire de cette commune est fort étendu. Il est vrai que toutes les terres n'y sont pas également bonnes; beaucoup sont dans la montagne et nous ont semblé plutôt convenir au pacage des bestiaux et à des plantations de figuiers, de vignes, de mûriers et d'arbres fruitiers de toute sorte qu'à la culture de l'orge et du blé. De distance en distance, cependant, on trouve, même dans les parties qui nous ont paru les plus mauvaises, d'assez belles moissons. Les indigènes y cultivent une grande quantité de melons, de citrouilles, de pastèques et de fèves. Les pommes de terre y viendraient à merveille.

HAMEAU DE NOUÏSI.

La source d'Aïn-Nouïsi est située sur le versant sud des collines qui forment le sahel de Mostaganem, non loin de la route de traverse de Mascara par Hardj-el-Biéda et le col d'Akbet-Redda; elle donne des eaux de très-bonne qualité, qui seraient assez abondantes, si elles étaient recueillies avec soin dans des bassins, pour suffire aux besoins d'une population agricole de 30 familles. Nous proposons, en conséquence, de créer sur ce point un hameau dont les terres à céréales s'étendraient au nord jusque dans la montagne, qui, quoique sablonneuse et rocailleuse, renferme de jolis jardins et champs où nous avons vu de fort belles moissons. Le territoire d'Aïn-Nouïsi serait excellent comme pacages ou pour des plantations de vignes, de figuiers et de mûriers. Les habitants de ce hameau devant être pasteurs, il faudrait donner à chaque famille une étendue de terrain considérable.

Plus au sud, dans la plaine de l'Habra, il existe des puits peu profonds qui nous font supposer qu'il serait facile d'en trouver un plus grand nombre; mais ces puits devraient être exclusivement réservés pour les bestiaux et les irrigations. Et nous ne proposerons pas d'y placer une seule famille, parce que déjà en avant d'Aïn-Nouïsi l'influence des marais de l'Habra se fait sentir, et qu'il serait imprudent, quant à présent, d'y exposer des Européens aux miasmes méphitiques qui ne tarderaient pas à les décimer. C'est donc à Aïn-Noüisi, où il n'y a rien à craindre sous le rapport de la salubrité, que la colonisation devra s'arrêter dans cette direction, jusqu'au jour où sera achevé le desséchement des marais, opération dont nous aurons occasion de parler plus loin.

COMMUNE DES JARDINS.

250 familles. — 4,000 hectares.

Nous avons dit qu'il serait bon de créer tout autour de Mostaganem plusieurs gros centres de population. Nous avons proposé, en conséquence, d'établir des villages à Assi-Tounin, Maséra, Assi-Mamache et la Stidia, les seuls points où il y ait, quant à présent, des eaux assez abondantes pour suffire à tous les besoins des populations qui iront se grouper près d'elles. Or, en répartissant tout le territoire dont on peut disposer autour de Mostaganem entre ces quatre points, on obtenait pour chaque commune des espaces si considérables, que nous avons dû renoncer à cette disposition. D'ailleurs, ces quatre villages eussent été tous trop éloignés de la partie centrale de la vallée des Jardins pour qu'il eût été possible de faire dépendre, soit d'Assi-Mamache, soit d'Assi-Tounin, les habitants qui se fixeront sur la grande route de Mascara, entre la banlieue de Mostaganem et la commune de Maséra. Il nous paraissait indispensable de former une cinquième commune entre celles d'Assi-Tounin et d'Assi-Mamache, commune dont le chef-lieu, village de 50 familles, pourrait être placé là où on voudrait dans la vallée même, à peu près au centre de la commune, non loin de la route de Mascara.

Nous ne connaissons pas d'endroit à indiquer plus particulièrement qu'un autre pour l'emplacement de ce centre de population. Il y avait autrefois des puits dans chacune des maisons qu'habitaient les Turcs et les Coulouglis dans la vallée des Jardins; on en trouvera certainement partout où l'on creusera et en assez grande quantité, en proportionnant le nombre des puits au chiffre des habitants, pour qu'on puisse n'avoir aucune crainte à cet égard.

Il existait autrefois un centre de population indigène dans cette vallée des Jardins; on pourrait placer le nouveau village sur le même emplacement. Enceint par Assi-Tounin, Masera, Assi-Mamache, et protégé presque immédiatement par le canon de Mostaganem, le territoire de cette commune sera toujours à l'abri de toute agression de la part de l'ennemi. On pourra donc y laisser établir des fermes ou maisons isolées, dont le nombre ne tardera pas à être considérable. Les unes ne seront que les maisons de campagne de Mostaganem, d'autres resteront entre les mains des indigènes qui les possèdent. Le reste pourra comprendre 200 familles agricoles au moins.

COMMUNE DE LA STIDIA.
120 familles. — 3,000 hectares.

Le ruisseau de la Stidia, dont les eaux sont abondantes et de bonne qualité, sortent du versant nord des collines qui bordent la mer depuis le pont de la Macta jusqu'à Mostaganem. Les eaux arrivent en toute saison jusque sur la route définitive qui va de cette ville à Oran. Déjà des abreuvoirs en maçonnerie y ont été faits, par les soins du génie militaire, pour les troupes et les voyageurs.

Nous proposons de placer à la Stidia un centre de population de 120 familles. Les terres avoisinantes ne sont pas toutes également propres à la culture des céréales; quelques-unes, principalement celles qui sont situées dans la montagne, ne pourront guère être utilisées que comme pacages ou pour des plantations d'arbres fruitiers ou autres. Les habitants devront donc s'y adonner à l'élève des bestiaux, et dans ce but il faudrait donner à chaque famille une superficie assez étendue.

Il est probable qu'on finira par trouver de nouvelles eaux dans le sud du territoire de cette commune, ce qui permettrait d'y établir de nouveaux centres de population.

COMMUNE DE MASERA.

100 familles. — 2,800 hectares.

Placées sur les routes définitives de Mostaganem à Mascara et à Orléansville, par Sidi-bel-Assel et la vallée du Chélif, les sources de Masera, qui coulent d'abord vers le sud, sont fort abondantes et donnent d'excellentes eaux. En avant s'étend la plaine sablonneuse des Medjhers, où le blé, l'orge, le mûrier, la vigne, etc., etc., viennent à merveille, mais dont nous ne pourrions sans inconvénient renvoyer les indigènes qui sont propriétaires du sol. Au nord se trouvent les collines du sahel de Mostaganem, moins propres à la culture des céréales que la plaine dont nous venons de parler, mais dont des agriculteurs laborieux et intelligents sauraient, sans aucun doute, tirer un très-bon parti. Les habitants de Masera devraient, comme ceux de la Stidia et d'Aïn-Nouïsi, élever des bestiaux. L'abondance des eaux nous permet de placer sur ce point un centre de population considérable, que nous porterons à 100 familles. Il serait prudent de ne tolérer aucun établissement isolé en avant de Masera; il n'y aurait aucun inconvénient, au contraire, à laisser quelques fermes et aubergistes s'établir en arrière sur la route de voiture.

COMMUNE DE SAINT-DENIS-DU-SIG.

700 familles. — 10,000 hectares (y compris l'Union).

VILLAGE DE SAINT-DENIS.

L'avenir de la commune de Saint-Denis-du-Sig et de l'Union agricole dépend essentiellement des irrigations produites par le barrage. Ce barrage est dans des conditions de solidité qui ne doivent donner aucune crainte; mais il arrive quelquefois que les tribus au milieu desquelles coule le haut Sig (le Mekerra) détournent les eaux pour arroser leurs terres, de telle sorte que le lit de la rivière se trouve à sec à la hauteur du barrage; dès lors, non-seulement les irrigations sont impossibles dans la partie de la plaine destinée à devenir le territoire de la commune de Saint-Denis, mais encore les habitants se trouveraient sans une seule goutte d'eau pour s'abreuver eux et leurs bestiaux. Il sera donc toujours nécessaire d'exercer sur tout le cours de la Mekerra une surveillance des plus actives, surveillance qui ne sera efficace et possible qu'autant que Sidi-bel-Abbès sera fortement occupé : ce point d'ailleurs est, avec Mascara, la sentinelle avancée qui couvre tout le pays où nous voulons coloniser. Sans Mascara, sans Sidi-bel-Abbès, nos colons ne seraient peut-être pas suffisamment à l'abri : avec ces points, tout est possible, tout est facile. Placé au sommet du triangle dans l'intérieur duquel nous voulons que la colonisation soit compacte, à égale distance d'Oran, d'Arzew, de Mostaganem et de Mascara, sur une route déjà très-fréquentée, et qui le sera toujours de plus en plus, et au milieu d'une vaste plaine que les irrigations, devenues possibles au moyen du barrage, ont rendue d'une fertilité devenue proverbiale, Saint-Denis-du-Sig est un des points les plus remarquables que nous connaissions pour l'établissement d'un centre de population chrétienne. Ce n'est point seulement un village, ni même un bourg, que nous voudrions y voir, mais bien une petite ville formant, avec quelques hameaux qui en dépendraient, une commune de 400 familles, non compris l'Union agricole.

Déjà, par arrêté du 20 juin 1845, il a été décidé que 100 familles seraient établies à Saint-Denis-du Sig. Ce chiffre n'est point assez élevé, suivant nous; il pourrait être porté à 350 familles, ne formant qu'une seule et même ville, dont moitié sur une rive, moitié sur l'autre, à la hauteur du pont. Nous n'ignorons pas qu'il y a de graves inconvénients à concentrer tant de familles agricoles sur un même point, parce que le territoire devant être proportionné au chiffre de la population (et fort étendu, par conséquent, dans le cas dont il s'agit), les habitants seront obligés d'aller quelquefois à de très-grandes distances de leurs habitations pour cultiver leurs terres et faire pâturer leurs bestiaux; mais

ici nous devons céder devant des considérations plus sérieuses encore,.... la sécurité des colons. Or la commune
de Saint-Denis-du-Sig est déjà assez en avant pour qu'il soit
prudent de ne point y tolérer un seul établissement isolé ni
même un trop grand nombre de hameaux. D'ailleurs les
eaux du Sig étant, quant à présent, les seules que nous
connaissions dans cette partie du pays, nous aimons mieux
placer la majeure partie des colons sur la rive même du
fleuve, que de les répartir sur les bords des canaux d'irrigation.

Les terres de la plaine du Sig étant excellentes, on pourrait ne donner, en moyenne, que 14 hectares à chaque
famille, soit 10,000 hectares pour toute la commune, y
compris l'union agricole et les hameaux du barrage et de
l'Ougaze, dont nous allons parler ci-après.

SOCIÉTÉ DE L'UNION AGRICOLE.

Nous approuvons et acceptons comme un fait accompli,
la concession demandée par l'union agricole d'Afrique pour
l'établissement d'un centre de population de 300 familles
sur la rive droite du Sig, à cheval sur la route d'Oran à
Mascara, et à 2,000 mètres de la rivière. Ce centre de population ne pourra boire, il est vrai, que des eaux des canaux d'irrigation, et ces eaux pourraient, en cas de blocus,
être détournées; mais le nombre des colons réunis sur ce
même point sera assez considérable pour pouvoir, en toutes
circonstances, communiquer avec le Sig. Nous croyons que
l'union agricole doit être encouragée par tous les moyens
possibles; elle pourrait former une commune à part, si on
ne voulait pas la comprendre dans celle de Saint-Denis.

HAMEAU DU BARRAGE.

A quelques mètres au-dessous du barrage, où d'ailleurs sera nécessaire la présence d'un gardien et d'un certain nombre d'agents, se trouvent de beaux jardins qui, sous les beys, étaient cultivés avec le plus grand soin. On y voit encore les ruines d'anciens moulins qu'il faudra indispensablement reconstruire un jour ou l'autre. On sera donc forcé de laisser quelques individus aller s'établir près du barrage; mais abandonnés à leurs propres forces sur ce point, le plus avancé que nous ayons dans cette direction, ils n'y seraient peut-être pas toujours en sûreté. Aussi pensons-nous devoir y placer immédiatement une population assez forte pour résister à un coup de main, en attendant, s'il y avait lieu, des secours de Saint-Denis, qui n'en est éloigné que de 3 kilomètres. Nous proposons d'y créer un hameau de 20 familles. Les terres seraient celles qui se trouvent sur les deux rives du Sig, en aval du barrage. Avant de laisser une seule famille s'établir au hameau du barrage, il faudrait que l'enceinte fût terminée.

HAMEAU DE L'OUGAZE.

Bien que nous ayons dit qu'il était prudent de ne laisser aucun établissement s'élever à une trop grande distance de Saint-Denis et du lit de la rivière, nous avons pensé qu'il y avait lieu de créer un centre de population, au point où le canal d'irrigation de la rive gauche du Sig ira tomber dans l'Ougaze; ce hameau, placé sur la route même d'Oran, à 6,000 mètres environ avant d'arriver à Saint-Denis, ajouterait à la sécurité des voyageurs en même temps qu'il

serait en position de bénéficier de leur passage. A cheval,
comme nous venons déjà de le dire, sur une des principales routes de la province, à une lieue et demie de Saint-
Denis, les habitants du hameau de l'Ougaze, de même que
ceux de celui du barrage, pourraient toujours, dans un cas
extrême, se replier sur Saint-Denis, dont la milice serait
assez forte pour leur porter secours. Ces secours que la
commune de Saint-Denis devra à toute sa banlieue cesse-
raient d'être efficaces si le nombre des petits hameaux était
plus considérable; c'est ce qui nous a déterminé à n'en admettre que deux, lesquels se trouvent dans des conditions
tout à fait exceptionnelles : ce sont ceux du barrage et de
l'Ougaze.

Nous placerions à l'Ougaze 3o familles.

COMMUNE DE MASCARA.

(SA BANLIEUE.)

2⁵o familles. — 5,500 hectares.

Mascara, avons-nous dit, est le sommet de notre triangle
de colonisation; il faut donc que ce point soit inexpugnable,
et pour cela il est nécessaire de grouper tout autour une
population assez forte pour s'y défendre en toute circonstance sans le secours de l'armée. Cette ville, d'ailleurs,
placée dans une position des plus heureuses, presqu'au
centre de la province, sur le bord même de la riche plaine
d'Eghris et dans une des positions des plus salubres, est
entourée de toutes parts, et à assez petite distance, par de
belles et excellentes eaux, sur lesquelles on peut facilement

créer des centres de population dont l'ensemble ferait une masse bien compacte, et à l'abri desquels pourront vivre tranquillement les colons qui se fixeront isolément dans toute la banlieue. Déjà à Mascara on est assez élevé au-dessus du niveau de la mer pour que la température n'y soit plus la même que sur la côte. Rien ne rappelle les climats de la Provence comme les environs de cette ville.

Le chiffre des colons qui pourraient rester ainsi dissémi-nés ne saurait jamais être bien considérable; nous l'esti-mons à 50 familles.

VILLAGE DU KEURTH.

A 1,200 mètres au plus à l'ouest de Mascara, au pied du versant sud des collines qui bordent au nord la plaine d'Eghris, se trouvent les ruines d'un ancien village qu'on appelait le Keurth; il y existe d'excellentes eaux, assez abon-dantes pour suffire à tous les besoins d'une nombreuse po-pulation agricole. 100 familles pourraient y être placées facilement. La disparition d'un grand nombre de tentes de la tribu des Hachems-Garrabats laisse à notre disposition, tout autour du Keurth, de vastes espaces, soit dans la plaine d'Eghris, dont la fertilité est remarquable, soit dans la mon-tagne, où les beys entretenaient de magnifiques jardins et vergers dont les arbres n'ont point encore disparu. Il suf-firait de donner à chaque famille 15 hectares de terre au plus. Les eaux, sans beaucoup de travail, pourraient être utilisées pour les irrigations.

Ce village, quoique assez rapproché de Mascara, devrait être convenablement fortifié.

VILLAGE DE RAS-EL-AÏN.

Beni-Jeglef, le Keurth et Sidi-Dao étant créés, resterait encore, pour bien enceindre Mascara, à établir un fort centre de population quelque part, entre ces deux villages. Aucune position ne nous paraît mieux convenir que celle de Ras-el-Aïn, dont les eaux, après s'être réunies à celles d'Aïn-Sultan, vont traverser la ville. Nous proposons, en conséquence, d'y placer 100 familles.

Comme Sidi-Dao, Ras-el-Aïn est dans la montagne, mais facilement accessible. Comme ceux de Sidi-Dao aussi, les habitants de Ras-el-Aïn devraient, indépendamment du blé et de l'orge, cultiver la vigne, le figuier et toutes les plantes potagères qui aiment les terres légères. Ce village se trouverait sur la route même qui conduirait à Mostaganem par Akbel-Redda, le Kseub et Assi-Mamache.

COMMUNE DE SIDI-BÉNI-JEGLEF.

150 familles. — 3,600 hectares.

VILLAGE DE BÉNI-JEGLEF.

Les vastes et magnifiques jardins de Béni-Jeglef, situés à 2,500 mètres à l'est de Mascara, sur le bord de la plaine d'Eghris, dans une position tout à fait analogue à celle du Keurth et aussi salubre, sont la propriété de cette puissante tribu des Hachems, trop faible aujourd'hui pour qu'il lui soit possible de cultiver tout son vaste territoire. Ces jardins conviennent si bien, sous tous les rapports, à l'établissement d'un centre de population chrétienne, que nous proposons d'y créer aussitôt que possible, un village de 150 familles, auquel on annexerait une superficie de 3,600 hectares. Bien que l'agriculture doive être la principale occupation des habitants de Béni-Jeglef, ils pourraient cultiver avantageusemeut, sur les pentes sud de la montagne, qui entrerait pour un quart peut-être dans les dépendances, la vigne et tous les arbres fruitiers de l'Europe. Les eaux de l'Oued-Béni-Jeglef sortent de la montagne en un point élevé au-dessus du niveau de la plaine; mais elles se précipitent presque immédiatement dans le lit d'un ravin assez profond d'abord pour rendre toute irrigation impossible auprès des jardins, dans l'état actuel·des choses. En s'avançant vers le sud la profondeur de ce ravin diminue progressivement, si bien qu'elle finit par être nulle ou à peu près, et que les eaux peuvent se répandre sur le sol.

Il s'ensuit que les terres susceptibles d'être arrosées en ce moment sont déjà assez éloignées dans la plaine; mais qu'il serait facile, au moyen de bassins et de conduits, de prendre les eaux avant qu'elles ne tombent dans le lit profond du ravin, et de les utiliser, dès leur entrée dans la plaine, pour féconder le sol.

Ce village, qui serait comme le flanc gauche de Mascara, de même que le Keurth en serait le flanc droit, devrait aussi être convenablement fortifié.

COMMUNE DE SIDI-DAO.

100 familles. — 2,500 hectares.

VILLAGE DE SIDI-DAO.

A 2,000 mètres environ au nord-nord-est de Mascara, au

milieu d'un pays déjà assez accidenté, quoique facilement accessible, il existe de belles et abondantes eaux tout autour desquelles se trouvent de jolis vallons et de fertiles bassins. Nous voulons parler des sources de Sidi-Dao, situées au pied nord du monticule sur lequel est le marabout de ce nom. Cette position est une des plus favorables à l'établissement d'un centre de population européenne. Nous pensons qu'il serait possible sans le moindre inconvénient, d'y place 100 familles à chacune desquelles on ne pourrait guères donner moins de 24 à 25 hectares, parce que les terres y sont plus légères et généralement moins bonnes que dans la plaine d'Eghris. Nous ne pensons pas que des irrigations y soient possibles; mais il y aurait un autre moyen d'utiliser les eaux. La nature semble avoir disposé les eaux de Sidi-Dao tout exprès pour qu'il y soit facilement établi plusieurs moulins, si bien que les indigènes, si négligents et si peu industrieux qu'ils soient, avaient fini par en construire quelques-uns dont les propriétaires ont toujours tiré et tirent encore un fort bon parti. Il serait prudent d'enceindre Sidi-Dao par un obstacle défensif, bien que cette nécessité soit moins indispensable pour ce village que pour ceux du Keurth et de Béni-Jeglef. Nous n'imaginons pas de localité plus salubre que les environs de Sidi-Dao, dont les habitants pourraient cultiver, avec beaucoup d'avantage, la vigne et le figuier.

VILLAGES ROUTIERS.

Nous ne nous sommes occupés jusqu'ici que de la colonisation compacte, c'est-à-dire de grouper nos familles d'agriculteurs autour de Mascara, de Mostaganem, d'Oran et de Saint-Denis-du-Sig. Nous n'avons laissé aux indigènes que nous ne pouvions pas tous chasser de leur pays, que les localités de l'intérieur de notre triangle de colonisation qui nous ont paru les moins avantageuses pour des Européens; et nous sommes arrivés ainsi à caser, pour, ainsi dire, côte à côte, bien que séparées en quatre masses bien distinctes, 4,809 familles (y compris 1,104 familles des territoires civils d'Oran et de Mostaganem).

Si le desséchement des marais de la Macta est possible, comme nous le supposons, et que le Gouvernement ne recule pas devant la dépense à laquelle entraînerait un semblable travail, de vastes terrains pourront encore, dans l'intérieur du même triangle, être mis à la disposition des colons. Plusieurs localités situées sur la rive droite de l'Habra et sur la rive gauche du Sig, trop malsaines aujourd'hui pour que nous ayons pu proposer d'y placer un seul centre de population, deviendraient bien vite habitables, même pour des Européens, et nul doute qu'alors nos 5,000 colons ne trouvent place entre ces trois points, Oran, Mostaganem et Mascara; mais nous ne pouvons attendre car, quand bien même ce desséchement des marais serait arrêté en principe, il faudrait un certain nombre d'années pour l'exécuter; il faudrait, en outre, un certain temps encore pour que les miasmes méphitiques disparussent complétement, tandis que c'est immédiatement que nous devons chercher à établir sur le sol la population chrétienne dont nous avons besoin pour nous nourrir, et 191 familles nous restent encore à placer.

Pour arriver à ce résultat nous proposons la création dans certaines localités, toutes exceptionnelles, et sur les grandes lignes qui enveloppent notre triangle de colonisation et qui en sont comme les côtés, de gros centres de population qui formeront chacun une commune et qui, jetés au milieu des tribus mulsmanes, devront être tous assez considérables pour pouvoir résister pendant plusieurs jours aux attaques d'un parti de cavaliers ennemis.

Ceux de ces villages qui seront placés sur les routes, et que nous appellerons villages routiers, renfermeront des magasins de vivres et de fourrages pour les troupes. Ils offriront un abri sûr aux voyageurs, et seront comme les jalons de la colonisation qui ne tardera pas à s'étendre jusqu'à eux au fur et à mesure que le chiffre de la population chrétienne augmentera.

COMMUNE ET VILLAGE ROUTIER DE L'OUED-EL-HAMMANN.

150 familles. — hectares.

Depuis trois ans bientôt, des aubergistes n'ont pas craint d'aller se fixer, au nombre de deux d'abord, puis de quatre, sur la rive droite de l'Oued-el-Hammann, près du pont en bois construit par l'artillerie, au point où la route d'Oran à Mascara traverse la rivière. Cernés par les indigènes pendant l'insurrection de 1845, ils se sont énergiquement défendus jusqu'au moment où la colonne de M. le général Géry est allée les délivrer. Six semaines après, ils étaient déjà retournés dans leur redoute.

Ces hommes courageux rendent ainsi au pays un immense service : ils offrent au voyageur isolé un abri sûr pour passer la nuit ; aux voituriers, de l'orge et du foin pour leurs chevaux, et sont aussi d'une grande ressource pour les troupes qui sans cesse fréquentent cette direction. Nous voudrions que le Gouvernement leur accordât immédiatement les fonds nécessaires pour qu'ils pussent changer leur mauvaise cabane en une habitation défensive, solidement construite en maçonnerie, et assez vaste pour recevoir commodément les voyageurs.

Ce que nous venons de dire suffit pour faire comprendre combien il importe d'avoir sur l'Oued-el-Hammann des aubergistes cantonniers . . . ., et que rien ne s'oppose à ce qu'on y crée dès à présent un centre de population.

Cette partie de la vallée de l'Oued-el-Hammann est fertile ; nous pouvons y disposer de bonnes terres à céréales. On peut y placer 150 familles.

COMMUNE ET VILLAGE ROUTIER DE KSEUB.

100 familles. — hectares.

Nous avons dit qu'indépendamment des centres de population qui formeraient des masses compactes autour d'Oran, de Mostaganem, de Mascara et de Saint-Denis-du-Sig, nous chercherions s'il serait possible d'échelonner sur les deux routes qui sont comme les deux côtés vulnérables de notre triangle des villages qui assurassent la sécurité de ces deux grandes communications, et qui défendissent l'entrée du territoire que nous avons appelé le berceau de la colonisation dans la province. Déjà nous avons réussi pour la route d'Oran à Mascara, mais des grandes difficultés se sont présentées lorsqu'il s'est agi de celle de Mostaganem à Mascara.

D'abord ce n'était point sur la route de voiture passant par Assian-Romery, Aïn-Kebir et El-Bordj que nous pouvions établir nos villages routiers. Cette route, qui fait un

détour considérable pour prendre les passages les moins
difficiles de la montagne des Béni-Chougrans, s'avance beaucoup trop vers l'est pour que nous puissions la regarder
comme aussi sûre, quant à présent, que celle infiniment plus
directe et plus fréquentée qui passe par Assi-Mamache,
Ardjet-Béida, le confluent de l'Oued-Kseub, Akbet-Redda
et Ras-el-Aïn ; cette dernière communication bien qu'elle ne
puisse peut-être jamais être praticable aux attelages, sera
toujours plus importante que la première : aussi est-ce sur
celle-là que nous nous sommes décidés à proposer l'établissement d'un village routier. Mais ici encore une nouvelle
difficulté s'est présentée. Le voisinage des marais rend toute
la plaine de l'Habra si malsaine, que des Européens ne pourraient, dans l'état actuel des choses, y séjourner impunément. Et cependant, c'eût été à peu près sur l'emplacement même du fort d'Orléans qu'il eût été convenable de
créer un centre de population, pour partager en deux parties à peu près égales la distance qui séparera Aïn-Nouïsi de
Ras-el-Aïn. La plaine d'Ardjet-Béida n'est point encore un
lieu où la salubrité soit assez parfaite, et nous n'avons, en
définitive, trouvé sur cette route aucune localité qui con-
vînt mieux que les environs du confluent de l'Oued-Kseub
avec l'Habra. Nous proposons, en conséquence, d'y créer
un centre de population de 100 familles. Quoique dans la
montagne encore, la vallée de l'Habra, qui s'élargit bientôt
après avoir reçu les eaux de Kseub, renferme d'excellentes
terres à céréales, dont quelques-unes pourraient peut-être
être arrosées. Le reste du territoire serait excessivement accidenté ; mais il s'y trouverait cependant bon nombre de
croupes, de ravins et de bassins que les indigènes labourent

chaque année. Les sommets les plus élevés ne pourraient tous être livrés à l'agriculture; ils sont couverts de pins, dont l'exploitation serait une riche source de produits pour les habitants de ce village. La route est dès aujourd'hui praticable aux voitures depuis l'embouchure du Kseub jusqu'à Mostaganem ; il faudrait toutefois construire deux ponts sur l'Habra. Plus loin dans la montagne, jusque sur les plateaux qui dominent le col d'Akbet-Redda, elle est et sera probablement toujours extrêmement difficile, si ce n'est impossible, pour les attelages.

COMMUNE DE SIDI-BEL-ABBÈS.

150 familles.

VILLE DE SIDI-BEL-ABBÈS.

Nous avons déjà eu l'occasion de dire que Sidi-bel-Abbès était un point qu'il fallait occuper indispensablement pour couvrir nos colons et les indigènes que nous avons déplacés pour les porter en avant. Sidi-bel-Abbès, en outre, est nécessaire pour commander à l'immense pays des Béni-Amers, presque désert aujourd'hui, et pour assurer nos communications entre Tlemcen et Mascara, entre Oran et Daya. Cette position de Sidi-bel-Abbès est si importante, à nos yeux, que nous ne craignons pas d'avancer que ce sera probablement un jour, et ce jour n'est peut-être pas fort éloigné, le chef-lieu de la subdivision d'Oran. Dans cette pensée, dans cet espoir, nous demandons qu'il y soit créé dès à présent un centre de population considérable qui devra atteindre le chiffre de 150 familles au moins.

Placé sur le bord de la Mekerra, dont une partie des eaux pourrait être détournée pour des irrigations (nous avons dit une partie des eaux, parce qu'il faudrait en laisser arriver une certaine quantité jusqu'au barrage du Sig), au milieu d'une plaine réputée pour sa fertilité et à l'intersection de deux routes peu fréquentées aujourd'hui, mais qui le seraient, sans aucun doute, beaucoup si nos prévisions se réalisent, Sidi-bel-Abbès pourra contenir une riche et nombreuse population agricole.

Nous pouvons, sans le moindre inconvénient, disposer de tous les terrains avoisinants; nous pouvons donc placer à Sidi-bel-Abbès 150 familles d'agriculteurs.

Il serait prudent, pendant quelques années encore, de concentrer ces 150 familles dans l'intérieur de la ville même, et de ne tolérer en dehors aucun établissement isolé.

COMMUNE D'AKBEIL.
60 familles. — 1,300 hectares.

VILLAGE D'AKBEIL.

Les belles et abondantes sources d'Akbeil, dont les eaux sont excellentes, descendent du flanc N. de la montagne de Tafraouï jusque dans la vaste et fertile plaine de Melata. Akbeil ne se trouve ni dans l'intérieur du triangle que nous avons appelé le berceau de la colonisation, ni sur une des routes principales de la province; ce n'est point non plus une position stratégique dont l'occupation permanente puisse être jamais nécessaire pour gouverner ou maîtriser les indigènes; mais c'est une localité si heureusement placée (des ruines romaines attestent que nos devanciers s'y étaient établis) pour des colonisateurs hardis et entreprenants, que déjà plusieurs riches capitalistes en ont demandé la concession au Gouvernement. Par suite, nous avons cru devoir en parler dans cette notice et comprendre Akbeil au nombre des points sur lesquels on pouvait dès à présent établir des agriculteurs chrétiens.

Nous pouvons disposer autour d'Akbeil d'une superficie de 1,200 à 1,500 hectares d'excellentes terres du beylick. On peut donc y placer 60 familles.

Les habitants d'Akbeil qui, bien qu'en vue des forts qui dominent Oran, pourraient se trouver dans la nécessité, le cas échéant, de résister à un coup de main dont rien ne les garantirait du côté de l'O. et du S. O., devraient n'habiter que dans des maisons défensives et solidement construites en maçonnerie. Cette condition de ne s'établir que derrière des abris solides devrait, avant toute chose, être imposée aux colons qui demanderont à aller se fixer à Akbeil. Nous ajouterons qu'Akbeil n'est point dans le cas des autres centres de population à la création desquels le Gouvernement devra quelquefois procéder directement. Akbeil est, comme nous l'avons dit plus haut, dans une position tout exceptionnelle, et nous pensons que c'est à l'industrie privée qu'il appartient de se charger de toute la responsabilité d'une pareille entreprise.

COMMUNICATIONS *qu'il serait indispensable d'ouvrir pour relier entre eux et avec nos principales villes tous ces nouveaux centres de population.*

ROUTES PRINCIPALES. (Elles sont en même temps stratégiques et commerciales.)	LIEUES.	OBSERVATIONS.
D'Oran à Tlemcen (jusqu'à Misserghin).....	3	Par Misserghin. Ouverte depuis plusieurs années ; non encore empierrée , fort mauvaise en plusieurs endroits.
D'Oran à Sidi-bel-Abbès.	19	Par la Sénia , le Figuier, le Tlélat. Ouverte depuis plusieurs années ; non empierrée et fort mauvaise pendant l'hiver.
D'Oran à Mascara......	24	Par la Sénia , le Figuier, le Tlélat, l'Ougaze, l'Union agricole et l'Oued-el-Hammann. Cette route, fort mauvaise encore en plusieurs endroits , est celle qu'il importe d'achever le plus promptement.
D'Oran à Mostaganem...	19	Par Assi-el-Djir, Azeleff, Gudiel, Mefessour, Beteoua et la Stidia. N'est ouverte que depuis la Macta jusqu'à Mostaganem.
De Mostaganem à Mascara (jusqu'à Masera).....	3	Par Masera. Fort bonne depuis Mostaganem jusque dans la plaine des Medjhers.
De Mostaganem à Mascara (route de traverse) ...	15	Par Assi-Mamache, Aïn-Nouisi , le Kseub (chez les Béni-Chougrann) et Ras-el-Aïn. Cette communication, beaucoup plus directe que l'autre, est habituellement suivie par les piétons, cavaliers et convoyeurs arabes ; malheureusement il sera presque impossible de la rendre praticable pour les voitures ; cependant elle est et sera toujours si fréquentée et si importante, qu'on ne pourra se dispenser de l'améliorer notablement.
D'Oran à Arzew........	9	Par Assi-el-Djir, Azeleff, Gudiel, Mefessour et Muley-el-Maagoung. Route non encore ouverte, et dont le besoin s'est fait plus d'une fois sentir, malgré la facilité que l'on a de communiquer par mer entre Oran et Arzew.
A REPORTER....	92	

ROUTES PRINCIPALES. (Elles sont en même temps stratégiques et commerciales.)	LIEUES.	OBSERVATIONS.
REPORT.......	92	
D'Arzew à Mostaganem..	11	Par Beteoua et la Stidia. Cette route n'est encore ouverte que depuis la Macta jusqu'à Mostaganem, et cependant aucune communication ne serait plus utile, puisque souvent l'état de la mer ne permet pas de débarquer à Mostaganem, et que dès lors les voyageurs, etc., sont forcés de faire le trajet par terre.
De Mostaganem à Mechera-el-Hadjeur (sur le Chéliff).........	4	Par Assi-Tounin et le pont de Mechera-el-Hadjeur, sur le Chéliff. Cette route, purement stratégique, est ouverte sur une longueur de 3 à 4 lieues; on l'achèvera sans aucun doute prochainement, car les derniers événements qui se sont produits sur la droite du Chéliff démontrent de plus en plus son importance.
D'Arzew à Saint-Denis-du-Sig..............	11	Par Assi-el-Hamoud et le puits dit Assi-Bou-Alem. Peu fréquentée jusqu'ici; sera une des plus importantes lorsque Mascara, le Sig, Assi-el-Hamoud et Arzew seront habités par une nombreuse population européenne.
TOTAL.......	118	
A RETRANCHER.....	12	pour portions commencées ou déjà achevées.
RESTE à.......	106	

COMMUNICATIONS SECONDAIRES.

D'Oran à Sidi-bel-Abbès jusqu'à Akbeil.......	7	Par la Sénia, le Figuier et Akbeil. Cette communication est beaucoup plus directe, mais plus difficile pour les attelages que la route aujourd'hui suivie; elle sera bien certainement ouverte un jour; il ne serait nécessaire de la faire d'abord que depuis le Figuier jusqu'à Akbeil.
A REPORTER...	7	

ROUTES PRINCIPALES. (Elles sont en même temps stratégiques et commerciales.)	LIEUES.	OBSERVATIONS.
Report.......	7	
D'Oran à Saint-Denis-du-Sig	12 1/2	Par Sidi-Marouf et Boufatis. Cette route sera toujours très-fréquentée par les indigènes qui dresseront leurs tentes sur la rive gauche du Sig, et par les Européens pour l'exploitation des salines et de la forêt ; elle sera d'ailleurs indispensable pour les habitants de Sidi-Marouf, de Boufatis et d'Hadja-Reira.
D'Oran à Saint-Denis-du-Sig	12 1/2	Par Assi-el-Abiod, Assi-Moussa-Touïl et l'Ougaze. Cette route, la seule que suivent les cavaliers, les piétons et les convoyeurs indigènes, parce qu'elle est la plus directe, sera bien plus fréquentée encore lorsque Saint-Denis et Assi-Moussa-Touïl seront habités : c'est par là qu'eût sans aucun doute passé la route définitive d'Oran à Mascara, si on avait pu éviter l'énorme distance sans eau qui sépare le Sig d'Assi-Moussa-Touïl.
D'Oran à Christel......	8 1/2	Par Gudiel et le cabaret du Col. Cette direction sera probablement plus praticable pour les voitures que la suivante et encore n'y parviendra-t-on pas sans des travaux considérables.
D'Oran à Christel (route de traverse)........	6	Par les carrières de plâtre de Canastel et Aïn-Ferannin. Il est difficile que ce chemin puisse jamais être carrossable ; mais il est susceptible de grandes améliorations, qu'il est indispensable de faire.
D'Oran à Assi-el-Hamoud.	9	Par Assian-Toual et la plaine de Télamine. Cette ligne serait la seule qui mettrait en relation directe Assian-Toual et Assi-el-Hamoud avec Oran ; elle est d'ailleurs la plus médiane que nous ayons de l'Est à l'Ouest dans le vaste territoire de colonisation compris entre Oran, Beteoua et le Tlélat.
A reporter...	55 1/2	

ROUTES PRINCIPALES. (Elles sont en même temps stra- tégiques et commerciales.)	LIEUX.	OBSERVATIONS.
REPORT.......	55 1/2	
De Guessiba à Arzew....	2 1/2	
De Guessiba à Gudiel....	4	Ces portions de route achèveront de faire
De Tazoute à Gudiel.....	1	communiquer tous nos chefs-lieux de communes
De Tazoute à Christel....	1	avec les villes les plus importantes du littoral,
D'Hadja-Reira à Boufatis.	1 1/2	Oran, Arzew et Mostaganem.
De Beteoua au Tlélat....	9	Par Assi-el-Hamoud, le bord occidental des salines et Hadja-Reira. Cette route serait surtout nécessaire pour l'exploitation des salines.
D'Arzew au Tlélat......	10	Par Muley-el-Maagoung, Mefessour, Assi-ben-Ferreah et Boufatis. De même qu'il nous a fallu une route médiane de l'Est à l'Ouest (celle d'Oran à Assi-el-Hamoud), de même il nous en fallait une qui traversât par le milieu tout ce groupe de communes : celle d'Arzew au Tlélat remplit ces conditions.
TOTAL........	84 1/2	
A RETRANCHER....	10	pour portions communes.
RESTE À.......	74 1/2	lieues à faire.

CHEMINS DE PETITE VICINALITÉ.

Nous estimons à.......	60	lieues la totalité des chemins qui seront néces-saires pour faire communiquer chaque nou-veau centre de population avec les routes principales et les communications secon-daires que nous venons d'énumérer.
Nous avons..........	106	lieues de routes principales à 10 fr. le mètre, soit..................... 4,240,000f
	84 1/2	lieues de communications secon-daires à 6 fr. le mètre, soit.. 2,028,000
	60	lieues de chemins vicinaux à 4 fr. le mètre, soit............ 960,000
		7,228,000

Les routes principales, que nous avons dit être aussi bien stratégiques que commerciales, ne pouvant tarder d'être promptement achevées, quelle que soit la marche que l'on suive pour coloniser le pays, il n'y a pas lieu de parler ici de ce qu'elles coûteront.

Les communications secondaires, que nous ne saurions mieux comparer qu'aux chemins de grande vicinalité de la France, sont celles qu'il importe d'ouvrir le plus tôt possible pour faciliter et hâter le peuplement de nos communes; nous pensons que le Gouvernement devrait les faire ouvrir immédiatement et se charger de leur confection : ce serait la meilleure prime d'encouragement à donner à ceux qui nous apporteront leurs capitaux; enfin, ce serait à celui qui se chargerait du peuplement d'une commune, soit le Gouvernement, s'il agissait directement, soit l'industrie privée, si la commune avait été concédée à une compagnie ou à un riche capitaliste, à faire ouvrir tous les chemins de petite vicinalité et d'exploitation.

DESSÉCHEMENTS A FAIRE, UN JOUR OU L'AUTRE, POUR ASSAINIR LA PARTIE DU PAYS COLONISABLE.

MARAIS DE LA MACTA, DU SIG ET DE L'HABRA.

Nous avons dit que notre but était de proposer l'établissement d'un certain nombre d'agriculteurs européens dans la partie du territoire de la province (entre Mascara, Oran et Mostaganem) là où l'insurrection n'a jamais pénétré, et où la sûreté est par conséquent la plus complète. Il semble qu'il eût été rationnel d'en expulser tous les indigènes, en leur donnant des terres ailleurs, afin de n'avoir dans ce triangle qu'une population chrétienne bien compacte. Mais, d'une part, on n'aurait pu peut-être sans inconvénient renvoyer dès à présent certaines tribus que nous y tolérerons provisoirement; d'une autre (et c'est devant cette considération surtout que nous avons dû céder), le voisinage des marais de la Macta, du Sig et de l'Habra, est si malsain, qu'il eût été imprudent, inhumain, d'y placer des Européens non encore acclimatés. Les fièvres pernicieuses les décimeraient bientôt, et le découragement qui ne manquerait pas de s'en emparer serait du plus fâcheux effet pour l'avenir de notre colonie. En conséquence, il nous a fallu laisser au milieu de nos communes, groupées en plusieurs masses bien distinctes, un immense espace, de 80,000 hectares peut-être, qui restera improductif ou sera habité par des indigènes; mais une telle disposition ne peut être que provisoire, car le desséchement de ces marais, que nous tenons pour chose possible, aura lieu bien certainement tôt ou tard, et dès lors rien ne s'opposera plus à ce que des Européens aillent s'y fixer.

Le desséchement de ces marais est, en outre, indispensable, parce qu'il permettrait d'utiliser à notre profit nonseulement les rives du Sig et de l'Habra, mais encore tous ces vastes terrains (environ 20,000 hectares) aujourd'hui couverts d'eau, d'herbes et de joncs, et qui, une fois assainis, seraient sans aucun doute d'une fertilité extraordinaire. Le desséchement de ces marais est possible, avons-nous dit... Il nous semble possible, en effet (nous ne parlons pas de la dépense), par suite de la configuration même du sol. Les eaux de l'Habra et du Sig, avant la réunion des deux rivières, se répandent sur toute la plaine et forment des marais si peu élevés au-dessus du niveau de la mer, que le courant est nul ou à peu près.

Plus bas, à environ cinq ou six mille mètres en amont de la barre, toutes ces eaux se réunissent dans un même lit (la Macta), par lequel elles se rendent dans la mer, au moment des grandes pluies. Alors, lorsque les pluies ont été abondantes, il y a un courant bien sensible (47 mètres à la minute); mais bientôt, quand le trop plein s'est écoulé, le courant cesse, les eaux deviennent salées, et les marais ne sont jamais desséchés. Enfin, il ne faut pas oublier que la Macta, après s'être approchée jusqu'à près de 600 mètres du rivage (là où est le pont construit par l'artillerie en 1844), tourne brusquement à l'ouest, et se prolonge pendant 4,000 mètres parallèlement à la mer, dans laquelle elle se jette enfin... Comment faciliter, assurer l'écoulement de ces eaux, qui rendent cette partie de la plaine inculte et inhabitable? Tel est le problème que nous proposons de résoudre. Nous devons commencer par dire que, n'ayant pas de niveau d'eau à notre disposition lorsque nous avons visité les lieux, nos observations n'ont pu être précises; c'est donc une simple opinion que nous nous permettrons d'émettre.

Il est évident que s'il y a une différence de niveau, si minime qu'elle soit, entre les marais et la mer, les eaux s'écouleront d'autant plus facilement que le trajet qu'elles auront à parcourir sera moins long. Or ce trajet serait réduit de près de 3,500 mètres, si on les faisait tomber dans la mer par un canal qui, partant du point où est le pont, se dirigerait à peu près perpendiculairement sur le rivage. Les dunes, dans cet endroit, sont très-abaissées : ce travail ne présente donc aucune difficulté sérieuse. Si ce moyen n'était pas efficace, il en est un autre qui ne serait qu'une imitation de ce qui s'est fait en Hollande, et qui réussirait indubitablement, savoir : canaliser le Sig et l'Habra, en les renfermant entre de fortes digues; les diriger l'une vers l'autre (opération facile pour l'Habra, dont le lit, il y a moins d'un siècle, se trouvait bien plus à l'ouest qu'aujourd'hui), de manière à les réunir le plus tôt possible dans un même canal, dont les dimensions devraient être proportionnées à la masse d'eau qu'ils auraient à débiter à l'époque des pluies torrentielles. Dans l'un et l'autre cas, des canaux secondaires et des saignées bien entendues compléteraient le dessèchement des marais de l'Habra, du Sig et de la Macta.

MARAIS DE BRIDIA.

Il a été déjà reconnu par MM. les ingénieurs des ponts et chaussées et MM. les officiers du génie que les marais de Bridia pouvaient être desséchés sans de très-grandes dépenses; nous nous abstenons donc d'en parler, ce point se trouvant, d'ailleurs, en dehors de notre territoire de colonisation.

MARAIS D'AÏN-BEÏDA.

Quoique ces marais soient moins étendus que ceux de Bridia, il est impossible d'habiter en toute saison dans leur voisinage; cependant l'administration civile est décidée à y créer un centre de population chrétienne; mais, au préalable, le marais devra être desséché. Les projets sont à l'étude. Cette opération sera aussi, dit-on, facile et peu dispendieuse.

INDICATION DES BARRAGES A CONSTRUIRE ET DES AMÉLIORATIONS A FAIRE AU RÉGIME ACTUEL DES EAUX.

On a souvent répété que la rareté des eaux serait un obstacle au peuplement de l'Algérie par une population européenne nombreuse; comment cependant avaient fait les Romains et leurs successeurs?.... C'est que les uns et les autres avaient construit des barrages au moyen desquels ils fécondaient la terre; c'est que tous aussi avaient creusé des puits, qu'ils entretenaient avec le plus grand soin, ainsi que les sources, ruisseaux, fontaines, etc.

Lorsqu'en 1830 nous avons mis le pied sur la terre d'Afrique, nous y avons trouvé un peuple insouciant, superstitieux, que le fanatisme et la paresse entretenaient dans l'ignorance la plus complète des travaux d'art les plus simples et qui nous a laissé pour héritage, non point une terre vierge, mais un malheureux pays dévasté sans cesse par la main de l'homme et par le feu. Les barrages avaient disparu, les puits s'étaient comblés, toutes les eaux, en un mot, étaient abandonnées à elles-mêmes, et on en avait conclu que l'eau manquerait toujours..... Grave erreur dont tous ceux qui visitent le pays avec soin reviennent chaque jour.

Les études que nous avons été obligés de faire pour déterminer les points où l'on pourrait dès à présent placer nos 5,000 familles de cultivateurs, nous ont convaincus de nouveau que presque partout où il existe aujourd'hui des eaux, on pourrait en augmenter la quantité et les rendre meilleures.

PUITS.

La plupart des puits en service depuis longues années auraient besoin d'être curés, reconstruits et recouverts de manière à ce qu'on ne pût y puiser qu'au moyen de pompes. Partout aussi on pourrait, près des puits qui existent déjà, en forer de nouveaux et construire des abreuvoirs et des réservoirs pour les bestiaux et les irrigations.

SOURCES ET RUISSEAUX.

Beaucoup de sources et ruisseaux ne fournissent, dans l'état actuel des choses, que des eaux souvent si peu abondantes, que nous n'avons pu proposer d'y placer un grand nombre de familles, et cependant il en est plusieurs qui pourraient suffire aux besoins d'une population assez considérable, si les eaux étaient recueillies avec soin dans des bassins en maçonnerie, si des abris les préservaient de l'évaporation, et si les bestiaux n'étaient libres d'aller s'y vautrer du matin au soir. D'autres donnent des eaux à peine potables, parce que rien ne les garantit de toutes les saletés du dehors, et que quelquefois rien n'empêche de mauvaises eaux d'aller se mêler à celles d'une source meilleure, etc., etc.

Enfin, il serait possible, dans certaines localités, d'utiliser toutes ces eaux pour les irrigations, au moyen de barrages peu dispendieux.

RIVIÈRES.

Rien ne règle le régime des rivières: telle dont le lit est aujourd'hui ici passait hier à plusieurs mètres plus loin et passera demain ailleurs; telle autre disparaît tout à coup et laisse tout un pays à sec, tandis qu'il ne faudrait que quelques travaux pour en recueillir les eaux dans des conduits et les répandre sur les champs voisins ou les utiliser pour des villages et hameaux,

Sur quelques-unes, il existait des barrages en maçonnerie que le temps a détruits; nous avons refait celui du Sig et tous les canaux d'irrigation qui en dépendent. D'autres barrages sont encore à construire; nous allons les indiquer plus bas.

Les travaux de la nature de ceux dont nous venons de parler qu'il importerait de faire plus particulièrement que d'autres, pour hâter le développement de la colonisation au point de vue de l'intérêt général, sont :

1° Sur le Sig, au-dessous de Saint-Denis, un ou deux barrages pour arroser les terres que nous laisserons provisoirement aux indigènes, et que nous leur retirerons lorsque, les marais étant desséchés, le pays sera devenu habitable;

2° Sur l'Habra, à la hauteur du fort Perregaux, un barrage qui, comme ceux qui précèdent, servirait d'abord aux indigènes, puis à des Européens;

3° Un ou deux barrages sur la Mekerra, dans les environs de Sidi-bel-Abbès;

4° Un barrage sur le Tlélat, un peu au-dessus du marabout de Sidi-el-Réir;

5° Un autre barrage sur le Tlélat, au-dessous du village du Tlélat;

6° Un conduit en maçonnerie prenant les eaux du Tlélat au-dessus du point où elles se perdent, et les amenant, en toute saison, jusqu'au village du Tlélat et jusque sur le territoire de la commune d'Assi-Moussa-Touïl;

7° Une citerne sur la route du Tlélat au Sig, à Djoub-Bou-Alem;

8° Un conduit menant jusque dans Arzew les eaux de Muley-el-Maagoung;

9° Reconstruction du puits de Chefafra;

10° Essayer de forer de nouveaux puits dans les parties basses des territoires où l'eau manque plus qu'ailleurs, par exemple dans les communes de

        Beteoua,

        Assi-el-Hamoud,

        Hadja-Réira,

        Boufatis.

TABLEAU RÉCAPITULATIF.

	POPU-LATION. (Familles.)	SUPER-FICIE totale. (Hectares.)	SUPER-FICIE par familles. (Hectares.)	CHIFFRE de la population par lieue carrée. (Individus.)	CENTRES de populations.	POPU-LATION. (Nombre de familles)
					La Sénia.............	50
					Sidi-Chamy.........	54
					Misserghin (anc. village).............	40
					Misserghin (nouveau village).............	90
					Le Figuier...........	80
					Assi-el-Abiod........	30
					Aïn-Beida...........	50
					Assi-el-Djir..........	30
Territoire civil d'Oran......	964	25,000	26	300	Sidi-Marouf..........	30
					Darbeida............	10
					Jefry	5
					Andalouses. { sur l'Oued-Sidi-Amadi........	100
					Aïn-el-Auseur....	10
					Aïoun-Turc......	40
					Aïn-Sidi-bou-Asfar	15
					Aïn-sidi-bou-Auseur.........	30
					Établissements isolés..	300
					Sid-el-Aïssy	20
					Ras-Geddara.........	30
					Aïn-Reggada.........	15
1, Commune d'Emsila......	103	8,000	77	103	Aïn-Sefsef..........	5
					Dechera	3
					Serig-Ouled-Bey......	10
					Aïn-Mta-Bey-Messabey.	20
					Assian-Toual.........	80
					Assi-Ameur	30
2, Commune d'Assian-Toual.	200	3,500	17	458	Assi-ben-Euda	30
					Assi-bou-Nif.........	30
					Assi-ben-Ferréah......	30
À REPORTER....	1,267					

	POPU-LATION. (Familles.)	SUPER-FICIE totale. (Hectares.)	SUPER-FICIE par familles. (Hectares.)	CHIFFRE de la population par lieue carrée. (Individus.)	CENTRES de populations.	POPU-LATION. (Nombre de familles.)
REPORT........	1,267					
3. Commune de Sidi-Aly....	170	4,800	28	283	Sidi-Aly............	100
					Assi-ben-Okba.........	20
					Assi-el-Béchir	20
					Aïn-Ferrannin	10
					Azeleff	20
4. Commune de Tazoute....	70	(A) 2,500	35	218	Christel	25
					Tazoute	40
					Aïn-Defla............	4
					Cabaret du Col......	1
5. Commune de Gudiel.....	140	6,000	42	175	Gudiel..............	120
					Assi-Mefessour.......	20
6. Commune de Guessiba....	72	4,500	60	120	El-Guessiba	60
					Abd-el-Ouédia	5
					Beni-Jebka..........	2
					Aïn-Ouïnkel........	5
7. Commune d'Arzew........	200	3,600	18	444	Arzew.............	130
					Muley-el-Maagoung ...	50
					El-Amia et le ravin ...	20
8. Commune de Beteoua	100	(B) 2,425	25	320	Beteoua............	50
					Chebat-el-Ray........	30
					Tsmamide	20
9. Commune d'Assi-el-Hamoud	100	5,000	50	160	Assi-el-Hamoud	100
					Chejafra............	"
10. Commune d'Hadja-Réïra..	70	4,500	64	125	Hadja-Réïra.........	50
					Assian-Guyès	20
11. Commune d'Assi-Moussa-Touïl	150	4,000	26	300	Assi-Moussa-Touïl	150
12. Commune de Boufatis...	110	5,500	50	160	Boufatis............	100
					Dayat-Oum-el-Relaz...	10
A REPORTER....	2,849					

(A) 2,500 hectares, non compris le territoire réservé pour les indigènes de Christel, au nombre de 50 familles.

(B) 2,425 hectares, non compris le territoire réservé pour les indigènes de Beteoua, au nombre de 75 familles.

	POPU-LATION. (Fa-milles.)	SUPER-FICIE totale: (Hec-tares.)	SUPER-FICIE par fa-milles. (Hec-tares.)	CHIFFRE de la popu-lation par lieue carrée. (Indi-vidus.)	CENTRES de populations.	POPU-LATION. (Nombre de familles)
REPORT.........	2,449					
13. Commune du Tlélat	260	6,000	23	348	Tlélat..............	160
					Tnazet.............	100
Banlieue de Mostaganem....	140	2,800	20	400	Mazagran et ses annexes	100
					Établissements isolés..	40
14. Commune d'Assi-Tounin.	160	3,500	22	363	Assi-Tounin.........	100
					Sidi-Abd-el-Kader.....	50
					Bou-Charef..........	10
15. Commune d'Assi-Mamache	130	3,000	23	348	Assi-Mamache	100
					Aïn-Nouïsi	30
16. Commune des Jardins...	250	4,000	16	500	Jardins.............	50
					Établissements isolés ..	200
17. Commune de la Stidia ..	120	3,000	25	320	La Stidia	120
18. Commune de Masera....	100	2,800	28	283	Masera.............	100
19. Commune de Saint-Denis-du-Sig............	700	10,000	14	560	Saint-Denis	350
					Barrage	20
					Ougaze.............	30
					Union agricole.......	300
20. Commune de Mascara...	250	5,500	22	363	Banlieue de Mascara ..	50
					Keurth.............	100
					Ras-el-Aïn..........	100
21. Commune de Beni-Jeglef.	150	3,600	24	333	Beni-Jeglef.........	150
22. Commune de Sidi-Dao...	100	2,500	25	320	Sidi-Dao...........	100
					L'Hammann.........	150
Villages routiers..........	250	"	"	"	Le Kseub...........	100
Ville et village situés en dehors du triangle de colonisation.	210	"	"	"	Sidi-bel-Abbès	150
					Akbeil.............	60
TOTAL.........	5,269					

Fait d'après les ordres et les instructions de M. le lieutenant-général de la Moricière.

Oran, le 25 mai 1846.

Le Chef d'escadron d'état-major,
A. D'ILLIERS.

11

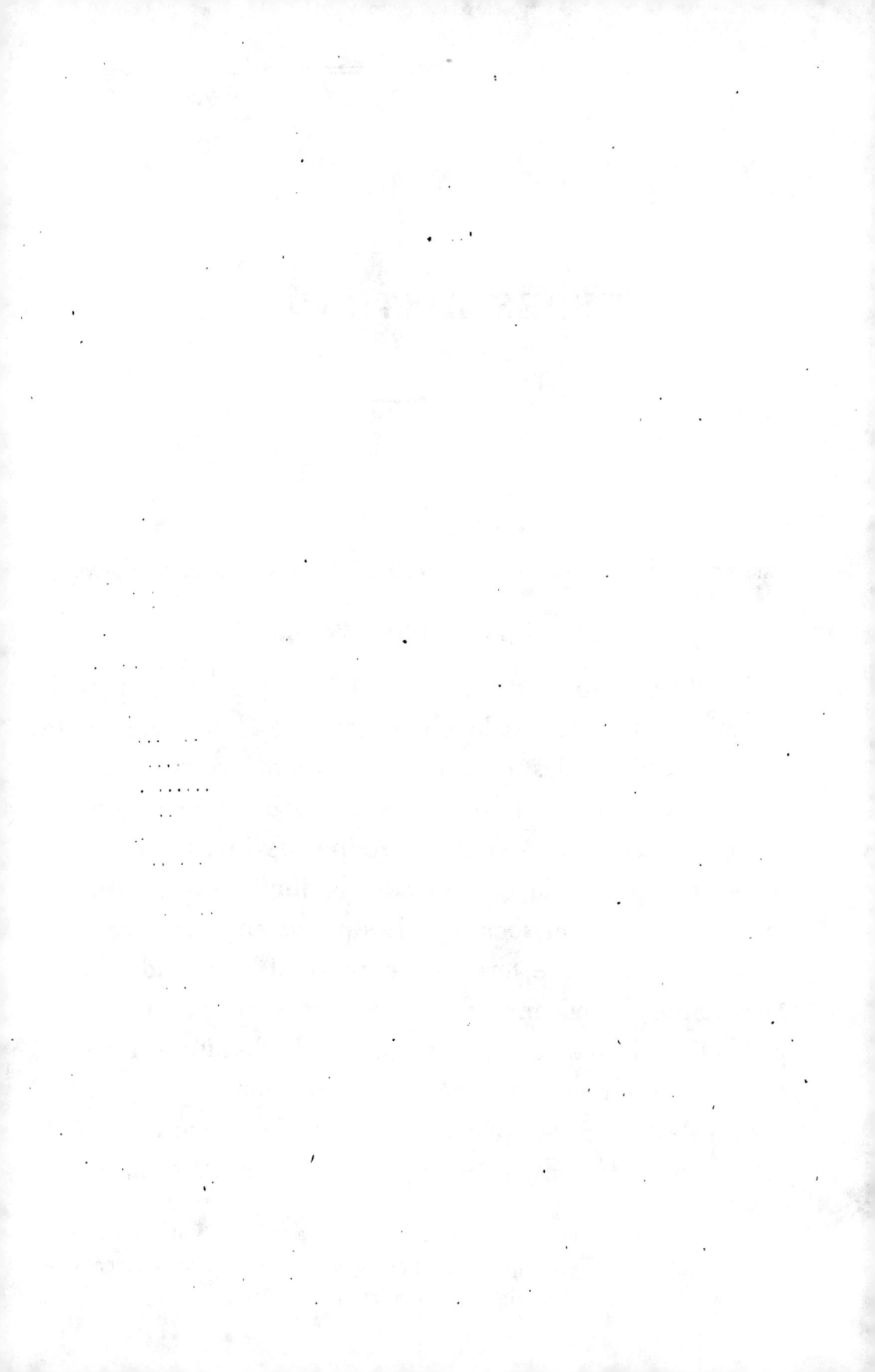

—

ÉTUDES HISTORIQUES.

———

1ʳᵉ QUESTION.

ASSIETTE DE LA DOMINATION ROMAINE DANS LA PROVINCE D'ORAN[1].

PRÉLIMINAIRES.

L'établissement des colonies fut à toutes les époques le travail le plus utile et le plus fécond de l'humanité; cette force expansive, destinée, par son action incessante sur le monde barbare, à agrandir le domaine de la civilisation et à préparer les voies à l'unité romaine, devint, pour les nations étrangères à la grande cité, la limite supérieure du progrès politique et social qu'elles pouvaient atteindre.

L'Algérie, dont le territoire comprend la Numidie et la Mauritanie Césarienne, doit être placée au premier rang parmi les contrées auxquelles ce peuple dominateur appliqua avec le plus de persévérance sa puissante synthèse. La nature des obstacles qu'il y rencontra, la manière dont il sut en triompher, constituent pour nous un haut enseigne-

[1] Les idées générales sur la domination romaine qui nous ont été inspirées par nos études sur la géographie ancienne de la province d'Oran peuvent être aisément généralisées et appliquées aux autres provinces.

ment, une école de colonisation dont les doctrines se déduisent de l'observation des faits et des données de la science ; les acteurs ont changé, mais la scène où s'agitaient leurs passions est invariable, et la constitution topographique du sol semble avoir communiqué à ces passions elles-mêmes son caractère d'immutabilité. Recherchons donc les traces de la domination romaine, non pour nous proposer une imitation servile, que repousseraient également les allures hardies de notre siècle et l'esprit aventureux de la nation ; mais pour nous inspirer de la sagesse des anciens, et laisser, si nous le pouvons, à nos descendants des exemples de notre propre sagesse.

La province d'Oran n'a guère, jusqu'à ce jour, fixé l'attention publique que sous le rapport des événements militaires dont elle a été le principal théâtre. Les idées de colonisation qui ont si vivement préoccupé les esprits n'ont jamais eu pour but de rechercher un système propre à la province de l'Ouest, que l'on a toujours considérée comme devant être longtemps encore le terrain de la lutte, et la dernière sur laquelle il convenait d'appeler les efforts de l'agriculture. Un examen superficiel de ce vaste territoire a pu amener quelques publicistes à avancer que la domination romaine n'avait jamais eu, dans cette partie de nos possessions, qu'une existence précaire, contestée et maintenue par la seule force des armes. Des recherches plus sérieuses nous ont, au contraire, démontré qu'il y existait, sous les premiers Césars, des centres nombreux de population, et nous ont fait retrouver des traces évidentes d'une exploitation agricole, dont la prospérité n'a pu se développer qu'au sein d'une longue paix. Le voisinage des tribus turbulentes de la Mauritanie Tingitane plaçait cette contrée dans des conditions analogues à celles où nous la voyons aujourd'hui. Pour couvrir la Numidie et la province d'Afrique contre les invasions des barbares, Rome avait de bonne heure senti la nécessité de jeter dans l'ouest de la Mauritanie Césarienne des populations amies, seul moyen efficace que nous ayons à proposer nous-mêmes pour prévenir les insurrections et rendre, à la longue, la guerre impossible.

ÉTUDES SUR LA GÉOGRAPHIE COMPARÉE DE LA PROVINCE D'ORAN.

Nous bornerons ce premier travail aux vallées inférieures. A celles surtout où nous reconnaissons nécessaire de fonder aujourd'hui de vastes établissements agricoles, basés sur les institutions qui, en France, régissent la famille, la propriété et tout notre ordre social. Cette partie du territoire est comprise dans un polygone ayant pour base, à la mer, une ligne tirée d'Oran à l'embouchure du Chélif et pour périphérie, les lignes d'Oran à Sidi-bel-Abbès, de Sidi-bel-Abbès à El-Bordj et d'El-Bordj à l'embouchure du Chélif.

La ligne de communication entre Tanger et Carthage ne passait que par exception le long du rivage de la mer.

Mais, avant de discuter le caractère des établissements anciens dont nous avons retrouvé les vestiges, il est nécessaire de redresser une erreur dans laquelle sont tombés tous les géographes modernes, qui, accordant à l'itinéraire d'Antonin une confiance illimitée, n'ont pu se résoudre à placer dans l'intérieur des terres un grand nombre de stations que cet itinéraire semble placer sur la côte[1].

[1] Nous disons «semble placer sur la côte,» car on peut également traduire cette expression : *Per maritima loca*, par celle-ci : *Les lieux voisins de la mer.*

Nous empruntons à la série de stations que donne l'itinéraire depuis Tanger jusqu'à Carthage celles qui sont affé-
rentes à la portion du territoire qui nous occupe, quelques-
unes de celles qui la précèdent et de celles qui la suivent,
adoptant pour le mille romain la valeur que lui suppose
d'Anville (1475 mètres).

Milles romains.

Russader aux Trois-Iles........................	65
Au fleuve Malua............................	12
A Lemnis.................................	32
Au fleuve Popleto...........................	30
Ad Fratres...............................	6
A Artisigua...............................	25
Au port de Cæcilius.........................	12
A Siga municipium..........................	15
Au port de Siga............................	3
A Camarata...............................	12
Au Fleuve salé.............................	12
Ad Crispas................................	25
A Gilba Colonia............................	6
A Castra puerorum..........................	23
A Portus divini............................	18
A Portus magnus...........................	36
A Quiza municipium.........................	40
A Arsenaria...............................	40
A Cartenna colonia.........................	18
Alar castellum.............................	24
A Cartillis................................	15
A Gunugus................................	12
A Césarée................................	22
TOTAL.........	493

Nous considérons dans cette longue liste 7 stations comme
déterminées d'une manière précise. Ces stations sont :

1° Siga municipium;
2° Portus Sigensis;
3° Portus divini;
4° Portus magnus;
5° Arsenaria;
6° Cartenna colonia;
7° Césarée.

Les deux premières, qui étaient la ville et le port de Siga, résidence de Syphax, roi des Numides Massæsyliens, sont décrites par tous les géographes anciens, de manière à ce qu'il soit impossible de méconnaître les ruines considérables qu'on remarque sur la rive droite de la Tafna, à un kilomètre de l'embouchure de cette rivière. La position d'Arsenaria est donnée par Pline avec tant d'exactitude, qu'on ne saurait se refuser à admettre son identité avec le vieil Arzew.

Quant à la position des Portus divini et du grand port, on tombe dans des difficultés insurmontables si l'on n'accepte pas leurs synonymies avec les rades de Mers-el-Kébir, Oran, et la belle rade d'Arzew; enfin, les synonymies de Cartenna colonia et de Césarée ont été établies d'une manière irrécusable par les inscriptions que nous avons nous-mêmes trouvées à Tenez et à Cherchel.

Ceci posé, il reste encore à fixer entre Siga municipium et l'embouchure du Chélif la position des autres stations de l'itinéraire, parmi lesquelles se trouvent trois villes importantes et un poste militaire, qui sont : Camarata, Gilba colonia, Castra puerorum et Quiza municipium; or, si l'on accepte les précédents que nous venons d'établir, il est impossible de placer ces stations sur le littoral, ainsi que celles d'Ad Crispas et Ad Salsum flumen, en conservant entre elles les distances que donne l'itinéraire; d'une autre part, si l'on voulait reculer les ports divins et le grand port vers l'ouest, nous demanderions à quels vestiges antiques, existant sur le rivage, on prétendrait rattacher les positions des villes que nous cherchons? Nous n'admettrons jamais qu'un oppidum, un camp, un municipe et une colonie aient pu disparaître sans qu'il en reste le moindre vestige; c'est cependant ce que l'on est obligé de supposer, si l'on veut faire passer la voie romaine le long du rivage, car entre l'embouchure de la Tafna et celle du Chélif, dans une distance de 16 myriamètres, on ne trouve, sur le littoral proprement dit, que les ruines d'Arzew-le-Port et du vieil Arzew.

A ces preuves, résultant de l'examen des lieux, nous joindrons quelques considérations relatives à l'usage constant des Romains dans l'établissement de leurs colonies civiles ou militaires et le choix des grandes lignes qui devaient les relier entre elles : nulle part, pour la fondation de ces premiers établissements, d'où dépend la prospérité d'une province, on ne les voit adopter des contrées abruptes, d'un accès difficile, et à peu près impropres à la culture ; or, dans presque toute l'étendue du rivage entre la Tafna et Mers-el-Kébir, la côte se trouve dans ces conditions défavorables; les anciens n'avaient-ils pas d'ailleurs, comme nous, pour faire communiquer leurs établissements maritimes, des navires à rames, des galères qui leur rendaient le même service que nos bateaux à vapeur? L'usage de ces bâtiments était si général dans l'antiquité, qu'ils pouvaient aisément suppléer aux voies de terre, lorsque de trop grandes difficultés rendaient impraticable le tracé des routes.

La voie prétorienne traversait les vallées voisines de la mer.

Nous n'hésiterons donc point à placer dans l'intérieur la grande artère du pays, que les cartes récentes maintiennent encore le long du rivage, et nous produisons à l'appui une carte des ruines, rectifiée, sur laquelle nous avons rapporté, avec le plus grand soin, une série d'observations remontant déjà à plusieurs années. Prenant la voie romaine à son entrée sur le territoire de la province d'Oran, au poste de Lalla-Magrhnia où la découverte de deux bornes milliaires ne laisse aucun doute sur son passage; nous la conduisons jusqu'à Orléansville, par une suite non interrompue de postes militaires et de cités situées dans les plus riches et les plus fertiles vallées de la Mauritanie Césarienne. Nous n'espérons pas cependant en adoptant cette direction, avoir levé toutes les difficultés que présente la géographie comparée de cette contrée, celles surtout résultant d'une distance évidemment fausse, fournie par l'itinéraire d'Antonin, entre les colonies de Cartenna et d'Arsenaria; mais ce tracé satisfait au principe fixe des Romains, de suivre le plus possible des crêtes ou des horizontales, et s'appliquant parfaitement aux localités, il nous a permis d'ajouter aux synonymies déjà connues quelques synonymies nouvelles, qui sont :

Camarata,	Aïn Temouchent,
Gilba colonia,	Arbal,
Quiza municipium,	Tikumbrin (au passage du Sig),
Mina,	Relizan [1].

[1] L'étendue des ruines que l'on trouve à Relizan, la position de ce point au débouché de la Mina, dans la plaine du Chélif, nous fait adopter cette der-

VOIES TRANSVERSALES SE DIRIGEANT VERS LA CÔTE.

Des voies transversales partant de la ligne principale se dirigeaient vers la côte ou vers l'intérieur; nous allons les indiquer sommairement :

1° De Lalla-Magrhnia à Nédroma, dans le pays des Traras, nous avons suivi une voie romaine bordée de fortins à des distances assez rapprochées ; elle passe par le col de Babtaza, et paraît s'arrêter à Nédroma, le pays étant d'une difficulté extrême de ce point jusqu'à la côte.

2° Une voie transversale, entre Timici colonia (Tlemcem) et Siga municipium, venait couper la voie principale sur le plateau des Ghossel; cette voie est jalonnée par des ruines.

3° De Aïn Temouchent (Camarata) à Siga. Cette route a un parcours de 7 lieues de 4 kilomètres.

4° De Camarata aux Ports divins (Oran et Mers-el-Kébir). Les vestiges de cette voie ont disparu; elle devait traverser le plateau de Zeidoure, passer entre le lac et les montagnes, au pied desquelles on remarque des ruines de tours qui lui servent de jalons.

5° De Gilba colonia aux Ports divins, passant par Castra puerorum.

6° De Quiza municipium à Portus magnus et à la colonie d'Arsenaria.

7° Du Haut-Isser, le long du versant nord des montagnes des Béni-Amer, un embranchement longeant la vallée de Sidi-bel-Abbès, se dirigeait sur Astacilis, ville romaine au

nière synonymie, et regarder ce point remarquable comme la jonction de la grande ligne avec la voie romaine de *Calama* à *Russucuro*.

pied du mont Tessala, et venait rejoindre la grande ligne en suivant le Tlélat.

De Lalla-Magrhnia partait une voie romaine dirigée vers les régions supérieures du Tell, où elle occupait les principales têtes des eaux, et prenait, à partir de Tlemcem, une direction parallèle à la voie principale, avec laquelle elle communiquait par les vallées. Voici la série des ruines qui la jalonnent, de Lalla-Magrhnia à Tiaret :

    Lalla Magrhnia (R R).
    Bridj (R R).
    Timici colonia (Tlemcen) (R R).
    Tallout el Kesba (R R).
    Sidi ali ben Youb (R R).
    Raselma.
    Ouizert (R R).
    Bénian (R R).
    Ténia Férarda.
    Ténia Bou Djima.
    Médrossa (R R).
    Talgrant (R R).
    Tiaret (R R).

La plus grande partie des voies romaines traversait les vallées ou suivait le bord des fleuves, pour relier entre eux les colonies et les municipes, et tous les établissements civils et agricoles; mais celle que nous venons de décrire dominait la plaine et entourait la région du Tell d'une ceinture de postes militaires. Ces voies de communication forment un ensemble imposant qui résume au point de vue topographique, tout le système de la domination romaine dans la province d'Oran. Cette partie de la Mauritanie Césarienne offrait aux Romains un vaste champ pour l'application de leurs théories militaires et de colonisation; car, d'une part, il fallait la garantir à l'ouest et au sud des insultes des barbares, et de l'autre, utiliser pour la production les fertiles plaines qu'elle renferme, dont la superficie compose la plus grande partie de son territoire. L'expérience de la guerre dut leur apprendre, comme elle nous l'a enseigné à nous-mêmes, que la limite du Tell et des hauts plateaux, bordée dans toute son étendue de montagnes et d'escarpements d'un accès difficile, surtout pour la cavalerie, n'offrait qu'un petit nombre de débouchés dont quelques-uns sont tellement étroits qu'on peut les considérer comme de véritables portes par où il fallait passer pour pénétrer dans leurs domaines. Tels sont les défilés de Sbiba, de Tiaret et de Loha.

L'occupation en fut résolue; nous en avons la preuve dans les ruines de camps et d'oppidums que nous y avons rencontrées. A l'ouest, sur les frontières de la Tingitane, des dangers plus grands menaçaient leur domination : là, des montagnes habitées par des tribus féroces, en fermant le bassin de la Moulouïa, n'offraient pas des obstacles naturels aux incursions des barbares qui venaient souvent jusque sur la côte protester contre l'établissement des colonies naissantes. L'expédition de Caïus-Suétonius-Paulinus, gouverneur des provinces d'Afrique, sous le règne de Claude, la ligne de forteresses élevées par les soins de ce général sur les hautes vallées de la Moulouïa, enfin la mission d'explorer les frontières confiées à un corps de cavalerie tenant garnison à Tlemcen (Timici colonia), circonstance qui nous est révélée par deux inscriptions trouvées dans cette ville,

sont autant de témoignages authentiques de la constante sollicitude qu'inspirait aux Romains la sécurité de la Mauritanie
Césarienne.

Cependant la région du Tell offrait des refuges aux ennemis de la civilisation dans des localités même assez voisines
de la mer. Le pays des Traras, celui des Beni-Amer, des
Beni-Chougran, et surtout les montagnes comprises dans
le triangle formé par le Chélif, la Mina et les hauts plateaux, occupés encore par des peuples dont la soumission
ne pouvait être sincère, durent fixer leur attention et recevoir aussi, pour la sûreté des vallées, des constructions
d'oppidums et de camps capables de contenir les populations. Tous les points dangereux furent occupés militairement : on peut en avoir la preuve dans l'existence des
ruines importantes de Nédroma, du Tessala (Astacilis), des
Beni-Chougran, et dans l'immense quantité de vestiges de
forteresses qui couvrent le pays des Flitas, particulièrement
sur les hautes vallées de la Mina, de l'Oued-Riou et de l'Oued-
Isly. A ces conditions la colonisation put se développer, et
fit tant de progrès que, sous Trajan, la sentence d'exil qui
frappait un citoyen romain lui interdisait également le
séjour des provinces d'Afrique, à cause des charmes qu'offrait ce pays, devenu l'image de Rome et de l'Italie.

ÉTABLISSEMENTS CIVILS ET AGRICOLES.

La guerre nous a fait connaître la plus grande partie de
leurs établissements militaires; la paix, et l'étude des terrains propres à la colonisation, nous fait découvrir chaque
jour leurs établissements civils et agricoles.

Le polygone sur la surface duquel nous proposons de

fonder des communes françaises contient plusieurs villes comprises dans cette deuxième catégorie ; de ce nombre sont Gilba colonia, qui avait pour territoire la plaine de Meleta, la colonie d'Arsenaria et les deux ports qui formaient ses dépendances ; mais surtout le municipe de Quiza, dont le territoire comprenait au moins toute l'étendue de la plaine du Sig et de l'Abra ; il suffit de jeter les yeux sur la carte pour comprendre l'intérêt que les anciens attachaient à la possession de ces deux derniers points, dont la prospérité dans tous les temps a été corrélative ; le Portus magnus, le plus vaste et le plus commode de toute la côte d'Afrique, depuis Tanger jusqu'à Carthage, fréquenté dans l'antiquité comme il le sera de nos jours, par les navires de toutes les nations, apportait aux Romains d'Afrique les productions des autres provinces de l'empire et leur rendait en échange les richesses de la Mauritanie Césarienne. Le code Théodosien énumérant les produits variés du sol de cette province, sur lesquels le fisc impérial avait à prélever des impôts, cite, indépendamment des céréales : le lin, l'huile, la soie, l'alun, le sel et la garance ; la plaine du Sig en particulier était renommée pour sa fertilité, ainsi que nous le révèle ce fragment d'inscription découvert sur le bord de la rivière.

NUMINI COLONIÆ

GENIO FLUMINIS.

«Au génie du fleuve, divinité tutélaire de la colonie. »

Ces mots si simples renfermaient pour nous un avertissement, un conseil d'ami, donné par les morts aux vivants ; ce conseil a été suivi : un barrage moderne, construit sur les débris du barrage antique, permet déjà d'arroser la plaine où bientôt tout sera préparé pour recevoir les familles laborieuses qui demanderont à s'y établir.

2ᵉ QUESTION.

POLITIQUE DES ROMAINS A L'ÉGARD DES INDIGÈNES.

ANALOGIE DE LEUR SITUATION AVEC LA NÔTRE.

Il serait inutile de nous étendre sur les rapprochements qu'on peut établir entre la lutte que soutient la France contre Abd-el-Kader, et la guerre des Romains contre Jugurtha ; ces deux grandes figures, on ne peut le nier, ont entre elles quelques points de ressemblance, mais c'est surtout l'état social, politique et religieux des indigènes à ces deux époques si éloignées l'une de l'autre, qu'il convient de soumettre à la critique historique.

ÉTAT SOCIAL DES NUMIDES A L'ARRIVÉE DES ROMAINS.

On ne peut guère douter que les premiers habitants de l'Afrique septentrionale n'aient été nomades ou troglodytes ; mais il est aussi acquis au domaine des faits qu'à l'époque de la guerre de Jugurtha, les habitants du Tell étaient fixés au sol. Salluste cite les noms de plusieurs centres de population, et l'on est en droit de conclure de la suite de son récit, que la région du Tell et celle des hauts plateaux étaient la propriété de citadins et d'agriculteurs, les uns habitants des villes munies de remparts, les autres, des chaumières assez semblables aux gourbis des Kabyles.

Pour la Mauritanie Césarienne, en particulier (province d'Oran), le géographe Ptolémée énumère un grand nombre de points, dont les noms, d'origine phénicienne ou berbère, prouvent que les villes de cette contrée n'étaient pas toutes d'origine romaine. Il indique même la position de six grandes tribus qui composaient la nation des Numides Massæsyliens, et par une coïncidence fort remarquable, les positions du territoire qu'elles occupaient se rapportent à l'emplacement des *Nedja* principales des Arabes de la province.

Quant aux villes de la côte, anciens comptoirs des Carthaginois, tombées au pouvoir des Romains, elles avaient conservé pendant la guerre leur population mêlée d'indigènes et d'Italiens, dont l'action civilisatrice, pénétrant peu à peu dans l'intérieur, à la faveur des relations commerciales, préparaient, depuis la chute de Carthage, l'établissement des colonies et des municipes.

FAITS HISTORIQUES.

Soixante-quinze années s'étaient écoulées depuis la célèbre campagne où Marius et son questeur, sans occuper l'ouest de la Numidie, avaient poussé une reconnaissance jusque sur les bords de la Moulouïa, lorsque le successeur de Jules-César, Auguste, génie tout pratique, résolut d'achever par la colonisation la conquête du pays commencée par les armes. Les peuples, menacés de l'anarchie par la faiblesse ou l'extinction des races royales, étaient mûrs déjà pour recevoir les institutions romaines, et s'empressaient de les demander. Nous avons des dates précises sur la fondation de quelques-uns de ces établissements. Vers l'an 721 de Rome, l'empereur, sous le spécieux prétexte de défendre ses alliés contre les invasions des barbares, envoie à Césarée la 2ᵉ légion, Auguste, dont les détachements se répandent sur la côte à Gunugus, à Cartenna, à Arsenaria : vers la même époque la population italienne, existant déjà sur le littoral, est renforcée par l'arrivée des citoyens de Rome et du Latium, et les trois villes que nous venons de mentionner reçoivent le titre et les priviléges de colonies romaines ou latines.

Cependant le vieux parti, qui, dans le siècle précédent, avait choisi Jugurtha pour son chef, se réveille au bruit des armes romaines furtivement introduites sur le territoire. Le drapeau de l'indépendance se relève sur les deux rives de la Moulouïa, et plusieurs colonies de la côte sont attaquées en même temps[1]. Auguste ne laisse point échapper cette occasion d'occuper militairement l'intérieur du pays.

Dirigée des frontières de la Tingitane vers les hautes régions du Tell, une ligne stratégique se couvre de camps et de colonies militaires destinées à protéger les colonies civiles de la côte et de l'intérieur.

Toutefois, cet emploi judicieux de la force militaire ne suffirait pas pour expliquer les succès rapides des Romains, et la puissance d'attraction qu'ils exerçaient sur les barbares; il faut chercher à ces résultats une cause politique; nous croyons l'avoir trouvée dans l'application qu'ils firent au pays des institutions municipales.

Plusieurs auteurs définissent le municipe « une ville étrangère ayant reçu le droit de cité. » Nous savons d'une manière certaine que ces droits de cité, point de mire de l'ambition des étrangers, se donnaient partiellement et par degré. Le municipe était donc une école politique et sociale, au moyen de laquelle Rome attirait à elle le monde barbare.

---

[1] La preuve de ce fait, passé sous silence par les historiens, est fournie par deux inscriptions trouvées, l'une à Bougie (*Saldæ*), l'autre à Tenez (*Cartenna*).

CONDITIONS DES ÉTRANGERS DANS LE PAYS ROMAIN.

La condition individuelle d'un étranger dans la ville de Rome et dans les colonies jouissant de tous les droits de cité, était des plus pénibles. Tant que les anciennes maximes furent en vigueur, les étrangers n'avaient que le droit d'habiter la ville ; ils n'avaient qualité, ni pour posséder, ni pour tester, et leurs biens passaient, après leur mort, au trésor public. Cette condition était si malheureuse, mise surtout en opposition avec les avantages attachés à celle de citoyen romain, que, non-seulement des individus, mais des villes et des provinces entières faisaient des efforts pour obtenir ce titre, dont la politique romaine avait fait un moyen de domination et qu'elle n'accordait qu'à des services éminents et à une soumission éprouvée.

CONDITIONS AUXQUELLES LES ÉTRANGERS, SOIT ISOLÉMENT, SOIT EN CORPS DE NATION, OBTENAIENT LE DROIT DE CITÉ.

Être admis dans la cité romaine, c'était posséder dans toute leur étendue les droits publics et privés affectés aux individus inscrits par le censeur sur les rôles des tribus urbaines ou rustiques.

Ces droits étaient, sous le rapport politique, le droit de suffrage pour l'élection des magistrats, celui de voter l'impôt en assemblée générale du peuple, celui de servir dans l'armée, enfin celui de participer aux cérémonies religieuses communes aux citoyens de Rome et du Latium.

Sous le rapport privé, les droits des citoyens consistaient dans la liberté individuelle, l'autorité du père de famille, la faculté de se marier à partir d'un âge fixé par la loi, celle de tester, etc., etc.....

Il est donc évident que lorsqu'un individu isolé ou une ville étrangère aspiraient au droit de cité, il fallait que cet étranger ou cette ville renonçassent au droit privé et public de la nation dont il cessait de faire partie, pour adopter sans réserve les lois et les usages des Romains; citons quelques exemples relatifs à la question qui nous occupe :

CAS OÙ LE TITRE DE CITOYEN ROMAIN ÉTAIT RETIRÉ.

1° Le premier besoin de la société romaine en présence de la société barbare dut être de fixer celle-ci sur le sol par la propriété et l'agriculture dans le but de se faire des auxiliaires contre les réfractaires à la civilisation. Les peuplades africaines avaient toutes un penchant naturel à rentrer dans leur vie nomade ou barbare, penchant entretenu par l'exemple des tribus insoumises, vivant de razzias et de brigandages. Les Romains eurent donc à multiplier autour d'elles les obstacles à cette disposition anti-sociale : c'est dans ce sens que nous interprétons l'édit de Justinien, renouvelé des premiers règlements d'Auguste et de ses successeurs, qui porte : «Que tout indigène attaché à la terre «en qualité de propriétaire ou de fermier, qui abandon- «nera sa position pour se livrer au vagabondage (*ut liber et* «*vagus exultet*), sera à jamais déchu du droit de posséder «ou d'affermer sur les terres de l'Empire et frappé de «peines sévères quand la main de la justice parviendra à «s'étendre sur lui.»

2° Le droit public des Romains comprenait certains rites religieux particuliers, ainsi qu'il a déjà été dit, aux habitants de Rome et du Latium. Pour que les dieux étrangers pussent obtenir le droit de cité, ainsi que leurs adorateurs, il fallait que le culte nouveau n'eût rien qui choquât le culte et la religion établis; c'est ainsi qu'au sein du polythéisme et sous l'influence d'idées religieuses peu favorables au développement moral, ils écartaient cependant de leurs temples certaines divinités étrangères comme favorisant la dépravation des mœurs, et proscrivaient le culte des Carthaginois et des Druides, dont les sacrifices humains révoltaient la nature.

3° Enfin le titre de citoyen romain imposait l'obligation de servir dans les armées : sous les gouvernements des rois et des consuls, c'était même une condition nécessaire pour faire partie des légions : sous celui des empereurs, l'étendue des conquêtes, la nécessité d'entretenir pour les conserver de nombreuses armées permanentes, obligèrent d'étendre beaucoup le droit de cité pour faciliter le recrutement des armées nationales [1]. Auguste, surtout, se servit avec habileté de ces moyens. Avant cet empereur, les indigènes d'Afrique n'avaient servi dans les armées qu'en qualité d'auxiliaires; en conférant à certaines villes le droit de cité, il appela leurs habitants à faire partie de l'armée romaine et à jouir des avantages particuliers attachés à cette classe de citoyens, c'est-à-dire à posséder des terres sur le territoire ennemi; car la constitution de l'armée romaine n'excluait ni la propriété, ni la famille, et les traditions qui la rattachaient à l'ordre civil permettaient à l'État d'enrichir les chefs et les soldats par des dotations.

[1] Dureau de la Malle ; Colonisation de l'Afrique par les Romains.

4° Le droit privé des Numides autorisait la polygamie; chez les Romains, au contraire, elle était sévèrement proscrite; les lois sur l'hérédité ne reconnaissaient d'enfants légitimes que ceux nés d'une femme unique, par mariage contracté suivant les formes prescrites. Une des premières conditions auxquelles avaient à satisfaire les barbares demandant le droit de cité devait donc être de se conformer aux lois sur lesquelles reposaient la famille et la propriété : telle est, selon nous, la portée politique des édits des empereurs renouvelés par Justinien contre la polygamie, le rapt et la détention en chartre privée de femmes libres ou esclaves, édit punissant de mort et de la confiscation des biens tout sujet de l'Empire coupable d'un pareil crime, « qui ne tend à rien moins (nous traduisons textuellement « les termes de l'édit) qu'à faire prévaloir les mœurs bar- « bares sur les sages règlements de nos ancêtres, au milieu « de la société romaine. »

Au nombre des conditions auxquelles les populations indigènes obtinrent le droit de cité, nous ne devons pas omettre celle qui dut leur être imposée par Auguste, de céder au domaine public une portion de leur territoire. Cela ne saurait être mis en doute, quant aux villes qui prirent part à la dernière insurrection; car une mesure semblable avait été appliquée par César aux villes libres de la Numidie qui avaient suivi le parti de Pompée, à Cirta entre autres, où l'un des lieutenants de César, Sittius, établit par son ordre une colonie romaine sur le territoire confisqué à l'ennemi; mais nous croyons que le domaine public s'augmenta également par les cessions volontaires faites par les tribus indigènes qui possédaient une étendue de terre excédant leurs besoins. Pline, pour en citer un exemple, nous fait connaître que la nation des Massæsyliens se trouvait, dans son temps, réduite, par suite des guerres, à un petit nombre de tribus disséminées dans un vaste espace, fait qui a son analogue dans ce qui se passe aujourd'hui sous nos yeux.

Les Romains avaient encore un moyen puissant d'appeler à eux l'élite des populations. D'après les anciennes constitutions, tout personnage ayant exercé certaines magistratures élevées, dans les villes libres du Latium ou de l'Italie, était de droit citoyen romain : si cette mesure fut appliquée en Afrique aux villes barbares qui, sans avoir renoncé entièrement à leurs propres lois, avaient cependant accepté les formes administratives des Romains, et les noms de leurs magistratures, il est évident que l'armée, d'une part, et de l'autre, le gouvernement municipal, durent enlever rapidement à l'élément barbare toutes les sommités sociales des indigènes.

CONDITIONS DES CITOYENS ROMAINS DANS LES COLONIES ET LES MUNICIPES.

Il résulte de ce qui précède que la Numidie et la Mauritanie Césarienne, sous le règne d'Auguste, se trouvaient divisées parallèlement à la côte en trois zones bien distinctes, les colonies du littoral et des vallées inférieures, pays tout entier romain; les municipes [1] de l'intérieur, pays mixte où les citoyens romains étaient en minorité, et enfin

[1] Il n'est question dans les géographies et itinéraires anciens que de trois municipes pour la Mauritanie Césarienne; mais on ne doit pas oublier que ces établissements comprenaient, au point de vue administratif, toute une contrée.

le pays barbare et ennemi séparé des premiers par des postes et des colonies militaires.

Est-il nécessaire de rechercher quels étaient dans les colonies et les municipes les droits des citoyens romains? Ces droits ne pouvaient être différents de ceux dont ils jouissaient dans la métropole, et si l'on en doutait, il suffirait de faire ressortir la distinction établie à l'origine même, entre les colonies romaines et les colonies latines, suivant qu'elles avaient été peuplées de Romains ou de gens du Latium. On ne sait pas exactement quelle était cette distinction, et l'on présume seulement que les Latins, dans certains cas, n'avaient pas droit de suffrage à Rome, parce qu'ils n'étaient pas inscrits sur les rôles des tribus romaines, mais seulement sur celui de leur cité. Cette distinction disparaissait par le fait sur la terre étrangère, où chaque citoyen jouissait dans sa ville du droit du suffrage, et ne pouvait être appelé à exercer ce même droit dans la métropole que dans des circonstances extraordinaires; mais puisqu'elle nous est conservée, elle atteste le respect des Romains pour leurs propres lois et leur sollicitude à en garder intacts les bénéfices et les priviléges; il fallait qu'il en fût ainsi pour que la race conquérante conservât vis-à-vis des indigènes l'attitude de la souveraineté, et l'on ne trouverait pas dans l'histoire un seul exemple à citer d'une conquête qui se soit affermie sous l'empire de maximes opposées.

SYSTÈME DE COLONISATION DES ROMAINS.

Indépendamment de cette politique générale, applicable à des contrées d'une vaste étendue, les Romains avaient pour chaque localité des moyens d'action puisés dans leur cons-

tante sollicitude pour le bien-être matériel des populations ;
ils possédaient à un haut degré l'art d'augmenter, par l'industrie agricole, les richesses du sol conquis par les armes ; ces
travaux d'art, simples et grandioses, qui assurent de bonnes
conditions d'existence aux cités et la prospérité des cam-
pagnes, aqueducs, réservoirs, barrages, canaux d'irrigation,
leur étaient familiers, et dans les provinces d'Afrique surtout,
la science des constructions de vint souvent leur auxiliaire.
Les avantages et les inconvénients que présente ce pays leur
furent d'abord dévoilés. En présence d'une terre arrosée par
des cours d'eau faibles en été, torrentueux en hiver, où l'eau
des pluies est inconnue pendant la plus grande partie de l'année, ils comprirent que sa fertilité ne les dispensait pas d'essayer par leurs travaux de corriger la nature. Par leurs soins,
les villes se couvrirent de citernes et d'aqueducs ; les cam-
pagnes, de chaussées et de canaux. Les débris antiques de
toutes sortes que l'on trouve à chaque pas, font présumer
que l'industrie particulière rivalisait avec l'édilité des villes
et la puissance publique elle-même ; car, le système de colonisation adopté par eux fut celui de la grande culture.
Les Romains étaient trop avancés dans la science du gouvernement pour n'avoir pas compris que, s'ils voulaient
hâter les progrès de leur colonie, il fallait qu'au point de
vue privé, comme sous le rapport des institutions, l'Afrique
fût l'image de Rome et de l'Italie ; or, le sol de la métropole, comme aujourd'hui celui de l'Angleterre, appartenait
à une aristocratie, ayant pour lien principal avec les familles plébéiennes les relations de protectorat et d'intérêt qui s'établissent entre le grand tenancier et le fermier.
L'Afrique offrait à cette aristocratie un écoulement facile

pour la population prolétaire dont l'exubérance, dans les longues années de paix qui suivirent la guerre civile, avait pris un caractère alarmant. Tacite nous apprend que, de son temps, les grands fonds de terre (*latifundia*)[1] de la province proconsulaire étaient possédés par un petit nombre de familles patriciennes; il nous est permis d'étendre par analogie à la Numidie et à la Mauritanie Césarienne ce précieux document fourni par cet historien, et de conclure que les grands propriétaires de Rome n'avaient pu rester étrangers au mouvement qui, sous l'impulsion donnée par Auguste, avait entraîné les populations de l'Italie sur le littoral africain; ils y transportèrent, n'en doutons pas, une partie de leurs clients et de leurs capitaux, et furent récompensés de leurs sacrifices par la fertilité d'une terre qui partagea pendant sept siècles, avec la vallée du Nil, le privilége de nourrir les maîtres du monde.

Oran, le 28 mai 1846.

Le Capitaine d'artillerie attaché au bureau arabe
de la division d'Oran,

AZÉMA DE MONTGRAVIER.

---

[1] *Sex domi Africæ latifundia zissidebant.* (Tacite.)

PROJET DE COLONISATION

POUR

LA PROVINCE DE CONSTANTINE,

PRÉSENTÉ

PAR M. LE LIEUTENANT GÉNÉRAL BEDEAU.

PROJET DE COLONISATION

POUR

LA PROVINCE DE CONSTANTINE.

N° 1.

—

RAPPORT

AU GOUVERNEUR GÉNÉRAL DE L'ALGÉRIE.

Constantine, le 10 décembre 1846.

MONSIEUR LE MARECHAL,

Vous avez accueilli favorablement les divers rapports que j'ai eu l'honneur de vous adresser sur la constitution spéciale de la province de Constantine, et sur l'ensemble des moyens de colonisation dans cette partie du territoire algérien. Vous avez bien voulu me faire connaître que vous approuviez en grande partie les principes que j'avais exposés.

L'attention progressive que l'opinion publique donne

aux intérêts africains; les discussions qui, sans doute, seront engagées à cet égard dans la session prochaine, me décident à résumer les considérations que j'ai eu l'honneur de vous soumettre, et à déterminer, d'une manière exacte et précise, les détails d'un projet général de colonisation européenne.

J'ai dit que la province de Constantine se trouvait dans une situation particulière, en raison de la différence des races indigènes qui l'habitent, en raison aussi de la différence des moyens employés pour y faire accepter notre domination.

Il n'est pas inutile peut-être de rappeler sommairement ces distinctions.

Nous savons tous que, dans les provinces de l'ouest, le pouvoir turc, détruit dès 1830 par l'occupation d'Alger et d'Oran, n'a point été remplacé dans l'intérieur du pays par l'autorité française. L'anarchie s'est établie partout dans le cours des quatre premières années; et c'est alors qu'un chef religieux et politique s'est produit pour constituer, à l'aide du fanatisme et de l'esprit de nationalité, un pouvoir devenu nécessaire. Ce pouvoir s'est organisé successivement avec d'autant plus de facilité que nous étions impuissants pour le combattre, qu'il feignait de nous être allié, et qu'en mettant un terme aux principaux désordres de la société arabe, il se rendait assez maître de l'opinion pour détruire les influences qui lui étaient rivales, pour attirer à lui la plupart des chefs qui pouvaient aider son action. Le pouvoir, en s'adressant à l'élément arabe, qui existe seul dans les plaines de l'ouest, a détruit les priviléges oppresseurs de l'autorité turque; il a trouvé dans ce fait, qui profitait au plus grand nombre, une nouvelle cause d'influence et de sympathie ; il a ménagé les races kabyles de la montagne, sachant bien que, pour se les rendre profitables, il ne fallait pas menacer leur indépendance héréditaire. C'est à son titre de marabout qu'il a demandé la puissance à leur égard, se fiant sur l'excitation religieuse pour les entraîner contre nous.

Quand le Gouvernement français s'est, plus tard, décidé à la conquête, il a donc rencontré une unité de résistance d'autant plus active que les erreurs de nos premières années devaient faire mettre en doute notre puissance. La guerre a été longue et difficile ; elle a été faite partout, parce que l'ennemi existait partout. Elle a forcément semé bien des haines, causé bien des dommages, porté atteinte à un grand nombre d'intérêts, ajouté enfin aux causes de répulsion qui nous séparaient tout d'abord de la population indigène.

Ces motifs ont dû s'opposer dans le principe, et successivement, au progrès de notre gouvernement pacifique. Ils ont dû paralyser nos efforts bienfaisants, en rendant nécessaires des répressions fréquentes.

Dans la province de l'est, le pouvoir turc existait à Constantine jusqu'à l'époque où le Gouvernement français s'est décidé à occuper cette ville. Le pouvoir turc était oppresseur : il avait constamment eu pour principe de diviser et désunir les populations ; d'exploiter le plus grand nombre par une minorité privilégiée. Le pouvoir français, qui l'a remplacé, a immédiatement déclaré et pratiqué son intention d'être juste ; il a reconnu tous les droits, appelé à lui la totalité des familles influentes.

Les populations, habituées à être gouvernées, ont accepté sans peine une autorité plus puissante que celle qui les dominait naguère. La majorité de la population du Tell, composée de Chaouïas (race berbère), était exploitée par les Arabes, qui formaient le maghzen des Turcs. Elle supportait avec peine cet état d'infériorité. Elle ne pouvait repousser le gouvernement qui, par la pratique d'une justice égale, lui concédait un affranchissement réel.

L'élément arabe n'a pas d'ailleurs été très-vivement froissé par cette modification. Deux familles puissantes, exerçant des commandements distincts, l'une dans les Zibans au sud, sous la dénomination de scheick El-Arab, l'autre dans les plaines de Sétif et dans le Hodna, sous le nom de khalifah de la Medjana, familles de race noble, instinctivement ennemies du pouvoir religieux des marabouts, représenté par l'émir Abd-el-Kader, firent des offres de soumission qu'on s'empressa d'accepter. On leur assura, dans l'exercice de leur commandement éloigné, des avantages suffisants pour les lier à notre cause.

Il est résulté de ces divers motifs que la puissance de la France n'a jamais été mise en doute dans la province de Constantine, que son efficacité gouvernementale s'est produite dès le premier jour; qu'aucune grande famille n'a eu ni le temps ni la possibilité de s'élever contre elle. La conquête progressive s'est accomplie avec facilité, sans créer par des misères accumulées les haines qui, dans les autres provinces, devaient inévitablement être entretenues par une résistance organisée, par l'ensemble des intérêts auxquels nous portions atteinte.

Quant à la race kabyle, les obligations générales de la guerre ne nous imposant pas la nécessité de fouler son territoire, comme dans l'ouest, pour y poursuivre un ennemi, nous avons pu lui laisser son indépendance entière. Mais nous avons préparé l'acceptation de notre autorité à venir par l'influence d'un commerce incessant, indispensable à cette race, qui ne pouvait en profiter qu'en venant dans les villes et sur les marchés, où la paix habituelle nous avait permis de conserver une population indigène nombreuse, les anciens chefs de ce commerce et les principaux industriels.

Il faut bien aussi remarquer que notre frontière de l'ouest se trouvait en contact avec un empire qui s'était toujours tenu en dehors des relations européennes, conservant la ferveur de son fanatisme religieux, pendant que la frontière de l'est confinait à une puissance musulmane, sans doute aussi, mais qui ne pouvait s'affranchir de la dépendance du sultan de Constantinople qu'à l'aide de l'intervention des puissances européennes, et de la France en particulier.

En établissant ainsi le résumé des motifs qui ont rendu et rendent encore l'exercice de l'autorité française plus facile dans la province de Constantine que dans les provinces de l'ouest, je ne prétends pas qu'on rencontre dans la population indigène une tendance sympathique pour nous; mais j'ai la ferme conviction que nos fautes seules peuvent y exciter l'esprit de révolte, que les grandes familles qui dominent les éléments arabes redoutent l'extension de la puissance d'Abd-el-Kader, et que les Chaouïas, qui peuplent les quatre cinquièmes des territoires du Tell ne désirent pas l'établissement d'un pouvoir arabe, par la crainte, bien ou mal fondée, que leur inspire le souvenir de l'exploitation pratiquée à leurs dépens par les Arabes sous le gouvernement turc.

C'est à l'aide de ces tendances, et par ces causes, qu'il est possible de maintenir notre domination avec une force armée égale au quart à peine de l'effectif des troupes françaises en Algérie, quand le territoire occupé équivaut à peu près à la moitié de nos possessions.

La sécurité règne dans le pays, les crimes sont rares, les Européens ne sont point inquiétés sur les routes; ils voyagent seuls entre les différents postes que nous occupons.

Toutefois, si les circonstances particulières de notre établissement, si la composition exceptionnelle des populations indigènes ont facilité le gouvernement de la province, nous n'en devons pas moins rester convaincus que nous ne serons réellement maîtres du pays, qu'après y avoir introduit une population européenne nombreuse, active, industrielle, susceptible de rendre définitivement français le sol conquis par le courage et les fatigues de l'armée. L'introduction de cette population présente des obstacles de plus d'un genre. Il faut, tout d'abord, lui offrir d'assez grands avantages pour décider son émigration; il faut aussi qu'elle puisse jouir de ces avantages sans que ce profit pour elle détermine dans les tribus un esprit d'hostilité qui, conduisant à une guerre partielle et peut-être à un soulèvement général, exigerait de l'État de nouveaux sacrifices, sans lui donner l'avantage certain d'une population européenne croissante : car, ainsi qu'on l'a dit, avec raison je crois, la sécurité est la première condition de l'émigration européenne.

Divers systèmes ont été produits au sujet de l'introduction des Européens. Beaucoup de personnes ont pensé que c'était une idée chimérique de vouloir conserver la population indigène sur les territoires où les Européens seraient admis à s'établir. On a prétendu trouver dans l'histoire du peuple arabe la preuve de son imperméabilité ; on a dit qu'il repoussait nos arts, qu'il méprisait notre bien-être social. Des hommes qui ont vécu avec ce peuple depuis cinq années, ont écrit qu'il nous serait toujours systématiquement hostile ; que les préceptes mêmes de sa croyance religieuse le rendaient incapable d'associer ses intérêts aux nôtres ; que son abaissement moral exigeait une domination violente prolongée, l'anéantissement de toutes les influences auxquelles il obéit, l'asservissement de sa pensée, avant qu'on pût espérer faire accepter le germe de notre civilisation progressive.

J'ai le bonheur de ne partager aucunement ces opinions attristantes. Je ne crois pas à l'imperméabilité du peuple arabe, à sa haine pour nos arts et notre bien-être social, parce que je trouve dans son histoire même, dans les traces si nombreuses de ses arts importés et appliqués en Europe, la cause de ma conviction ; parce que, s'il s'est montré différent dans certaines parties de l'Afrique, c'est qu'il a toujours vécu au milieu des révolutions, dans l'état de violence et d'anarchie, et, quand il était dominé, dans l'état d'exploitation, qui tous sont incompatibles avec la fixité et le développement de l'intérêt social. Je ne crois pas qu'il soit insensible aux influences qui, partout et toujours, ont pénétré l'homme.

Quel est le commandant français en Algérie qui n'a pas à citer de nombreux exemples de reconnaissance pour le bien qu'il lui a été donné de faire aux indigènes ? Combien de chefs ne se sont pas fait tuer déjà pour soutenir notre cause ? combien d'autres ne nous ont pas donné l'éveil sur des tra-

hisons qui se préparaient? combien de fois, enfin, n'avons-
nous pas entendu des populations entières nous remercier
de la paix qui assurait leur bien-être? combien de fois ne les
avons-nous pas vues, quand cette paix était menacée, nous
donner un concours efficace pour repousser le dommage et
maintenir le bienfait?

Non, ceux qui ont fait le bien aux indigènes, qui l'ont
fait avec sincérité, persistance et intelligente habileté, n'ont
pas eu à se plaindre de l'ingratitude de ce peuple, s'ils ont
voulu tenir compte de tous les détails qui ont composé,
dans les différents lieux, entre les différents hommes, les
relations réciproques; s'ils ont su ménager les usages, les
mœurs, la religion, et surtout l'amour-propre, vivement
excitable chez tous, et chez les Arabes en particulier.

Mais il faut un bien grand empire sur soi-même, il faut
une bien ferme volonté, une étude bien attentive, pour
être certain, tout en exerçant le commandement, la domination sur un peuple, de modérer, dans les actions de détail, le froissement primitif que la puissance étrangère
apporte avec elle partout où elle s'établit. J'affirmerais
malheureusement qu'une des causes de ces hostilités qui
se manifestent trop souvent entre les Européens et les indigènes tient au défaut de cette prévoyance de la part du
peuple dominateur, et j'en conclurais que l'autorité doit
toujours en recommander, exiger et surveiller la pratique.

Pour bien traiter la question qui précède, il faudrait entrer dans des développements que ne comporte pas un
rapport. La cause que je soutiens est bonne à défendre;
j'aime à conserver l'espérance qu'il me serait facile de la
gagner par la discussion, mais je me demande si cette dis-

cussion serait utile, quand l'examen du fait le plus simple suffit, à mon sens, pour déterminer les convictions de tous.

Si, dans certaines localités de l'Afrique, la guerre, fréquemment renouvelée, a créé des embarras exceptionnels qui ont eu pour suite la triste conviction émise par quelques-uns, de l'impossibilité d'associer à nous la population indigène, qui donc peut nier que, depuis neuf années, à Constantine, les indigènes vivent à côté de nous, acceptent notre domination, concourent à toutes les nécessités du Gouvernement, s'associent à notre commerce, et nous demandent, par leurs organes les plus intelligents, d'aider à leurs progrès par la constitution de la propriété, par le développement de l'instruction publique, par la mise en pratique, en un mot, des bases et des principes sociaux qui partout ont formé le début de la civilisation des peuples.

La paix nous a permis de donner à cette population un bien-être matériel progressif. Ce bien-être a, de jour en jour, diminué les instincts guerriers que le désordre entretient et excite. Cette population est préparée à nous être un utile auxiliaire de la puissance que nous voulons fonder dans le pays. Est-il donc possible qu'on soutienne qu'il faille la repousser, créer la guerre à la place de la paix, et nous donner, par système, tous les embarras onéreux d'une installation européenne isolée ?

Si la déplorable tendance du refoulement de la race indigène dirigeait l'opinion du Gouvernement, je n'hésite pas à le déclarer, la paix dont nous jouissons ici serait bientôt remplacée par la guerre, par une guerre systématique, plus difficile par cette cause que celle de l'ouest; et pour dominer le pays que nous occupons aujourd'hui, il faudrait ajouter vingt mille hommes, si ce n'est plus, à l'effectif actuel. Qui donc oserait dire que si nous avions la guerre partout, que s'il fallait imposer à la France la charge de vingt ou trente millions de plus au budget de l'Algérie, pour conquérir pied à pied, par la violence, le refoulement, et finalement aussi par la dépopulation, le territoire d'Afrique; qui oserait dire que l'opinion publique ne se lasserait pas de tant de sacrifices, en même temps que la générosité nationale, qui toujours a fait l'honneur de notre patrie, s'indignerait du nouveau rôle qu'on voudrait lui imposer?

Notre tâche en Afrique présente cette singularité toute particulière dans l'histoire des conquêtes, c'est qu'en réalité, notre intérêt bien entendu, notre intérêt égoïste, si je puis dire, nous oblige à civiliser la population indigène, à développer et grandir son bien-être pour assurer le nôtre. Cette idée peut paraître étrange. Elle se démontre juste avec facilité.

En faut-il d'autre preuve que la totalité des instructions constamment données, depuis cinq années, à la totalité des commandants supérieurs? Elles ont toujours recommandé l'exercice des principes d'équité, de justice, de bienfaisance, de sollicitude, dont on pourrait désirer l'accomplissement dans sa propre patrie. Nous avons eu la volonté d'apporter l'ordre dans un pays où le règne de la force dominait, avant nous, tous les droits. Nous avons cherché à surmonter les haines que le gouvernement précédent avait sans cesse excitées entre les tribus. Nous nous sommes efforcés de faire accepter par tous la puissance de la loi, pour remplacer la triste coutume qui existait aussi, chez presque tous, de se faire justice soi-même.

Nous sommes arrivés dans un pays où la terre est riche et féconde, où la population est peu nombreuse, en raison de l'étendue de son sol, où surtout la population ne sait pas tirer parti de la fécondité de ce sol. Nous pouvons y trouver place, et place assez large pour y être permanemment dominateurs, tout en conservant avec une sage mesure, les intérêts du peuple qui nous y a précédés.

En marchant vers ce but, nous ne devons pas compromettre la paix actuelle; nous devons au contraire l'affermir chaque jour davantage, en étudiant successivement la profondeur des zones où l'association de l'intérêt indigène à l'intérêt français sera définitivement constituée.

Le succès de l'entreprise dépendra principalement de son début. Depuis neuf années que nous occupons la province, nous nous sommes bornés à percevoir l'impôt d'après les bases de l'ancien gouvernement; nous avons laissé les indigènes sur le territoire. Le cercle de Philippeville est le seul où une dépossession de territoire ait été accomplie au préjudice des tribus. En classant comme biens domaniaux ceux qui appartenaient à l'ancien beylick, nous avons conservé aux principaux du pays les bénéfices qu'ils en retiraient avant nous comme habituels locataires.

L'époque est évidemment arrivée où nous devons multiplier rapidement, s'il est possible, la population européenne; les indigènes savent notre volonté à cet égard; ils en sont inquiets : il importe que nous évitions de prolonger cette inquiétude, et surtout de la remplacer par un mécontentement motivé.

Fort heureusement, la propriété particulière réelle, qu'on nomme *melk*, est très-peu nombreuse dans la province. Le domaine possède plus de cent soixante mille hectares dans le voisinage de Constantine. Les terres occupées par les tribus sont dites *arches*, et grevées de deux impôts, celui de l'*achour*, et celui dit du *hokor*, qui représente en quelque sorte le loyer de la terre.

Si nous respectons les propriétés *melks*; si nous concédons principalement aux Européens, partiellement aux indigènes, les propriétés domaniales; si nous donnons enfin, en échange de concessions européennes sur une partie des terres *arches*, l'abandon du tribut du *hokor*, et le bénéfice de quelques concessions aux indigènes, nous aurons rendu disponible une assez vaste surface de territoire pour y fixer les Européens dominants, et nous aurons complétement satisfait aux espérances de la population musulmane.

COLONISATION.

Dans un précédent rapport, j'avais cherché à établir qu'il était indispensable :

1° D'arrêter un projet général de colonisation avant de donner suite aux demandes particulières adressées au Gouvernement;

2° De discuter le système, après avoir adopté le principe;

3° De fixer enfin les détails de l'application.

Je rappelais que si la domination devait être absolue, et l'occupation militaire étendue, pour que la tranquillité fût réelle quelque part en Algérie, la colonisation devait être restreinte au début, et successivement croissante.

Je cherchais à démontrer que la ville de Constantine, véritable centre politique, militaire et commercial des indigènes et des Européens, dépôt de nos plus puissants moyens, base première de notre autorité, devait posséder une large banlieue européenne. J'ajoutais que la colonisation devait y être puissante et forte, afin de nous fournir un auxiliaire important en cas de guerre nouvelle. Je fondais cette opinion sur la remarque que l'occupation offensive de la principale place de l'intérieur avait été, dans les trois provinces, le préalable obligé et immédiatement efficace de la soumission du pays. J'en déduisais naturellement que le concours d'une forte garnison et d'une productive colonisation autour de Constantine appuierait avantageusement notre autorité, couvrirait plus sûrement nos établissements vers la mer.

Ces considérations m'amenaient à conclure que, dans chaque province, la zone de colonisation devait avoir sa base à la mer, son saillant à l'intérieur.

Je limitais ces diverses zones par Oran, Mascara et Mostaganem, dans l'ouest; par Dellys, Médéah, Miliana et Cherchel, dans la province du centre; par Philippeville, Constantine, Guelma et Bône, dans la division de l'est.

Je persiste dans cette opinion, et je propose, ainsi que je l'ai fait il y a quelques mois, la création successive de bourgs situés sur les communications principales qui conduisent de Constantine à nos camps de l'intérieur et à nos places de la côte. Ces bourgs, situés à 30 ou 40 kilomètres de la ville, formeront les premières étapes routières, et détermineront un polygone qui sera nommé territoire de la colonisation.

Il me semble évident que ces bourgs, placés dans des positions choisies, réuniraient, par la fertilité et les avantages de leur sol, des conditions certaines de prospérité, en profitant à la fois de tous les bénéfices que le mouvement des capitaux, le commerce et la culture peuvent procurer. Les villages de grande halte se créeraient ultérieurement, et dans l'intérieur du polygone on autoriserait, suivant les demandes successives, la formation de centres nouveaux de population européenne ou des concessions isolées.

Quand les routes entre Constantine et Guelma, entre Guelma et Bône, entre Bône et Philippeville, seront définitivement tracées (je devrais plutôt dire construites), il me paraîtrait avantageux de les jalonner par de nouveaux bourgs déterminant les gîtes d'étape, afin d'assurer au commerce, au roulage, aux troupes, ainsi qu'aux voyageurs, des lieux de repos, et de protection au besoin.

J'espérerais un heureux résultat de l'application de cette méthode. Chacun des centres aurait par lui-même une indépendance assurée. Ceux placés sur les lignes extérieures serviraient d'appui à toutes les entreprises offensives contre les tribus révoltées : tous garantiraient, par l'ensemble de l'enclave, la fidélité des populations intérieures.

Je crois ce projet utile, je le crois même nécessaire, pour assurer une convenable surveillance et une efficace protection. Je me garde de demander qu'il soit imposé d'une manière absolue, en ce sens qu'aucune concession ne pourrait être faite avant que ces différents bourgs fussent créés. Je pense, au contraire, que le territoire rapproché des places de la côte devant se peupler plutôt que les bourgs de l'intérieur, il faut rendre disponibles les terres qui seront les plus recherchées. Mais les bourgs de ceinture auront une utilité politique et commerciale qu'il importe de ne pas négliger.

Au reste, l'intérêt particulier sera toujours plus perspicace que l'administration dans le choix des lieux où la prospérité pourra se produire par le travail. L'administration doit déterminer certaines limites, fixer quelques conditions protectrices. Elle doit évidemment laisser une convenable liberté à l'engagement des capitaux particuliers. Si des demandes se forment en dehors des territoires que le Gouvernement aura préparés lui-même pour la colonisation, l'appréciation sérieuse de la sécurité publique ou privée devra seule déterminer des refus d'acceptation, toujours fâcheux en ce qu'ils éloignent des capitaux, qui manqueront longtemps encore dans ce pays.

Il est évident, d'ailleurs, qu'un principe général doit diriger l'autorité dans la désignation des terrains destinés à la colonisation européenne. Toutes les terres labourables produisent des céréales ; mais ce n'est pas cette espèce de culture qui peut être entreprise par l'Européen, surtout pendant les premières années de son installation. L'Arabe produit des céréales à bon marché ; il en produit beaucoup dans la province, car toutes les troupes sont approvisionnées par le pays, et une assez grande quantité de grains s'exporte, soit dans le sud par les nomades, soit dans les diverses parties de l'Algérie par les ports de Philippeville et de Bône en particulier. L'Européen ne peut pas essayer de faire concurrence à ce travail; le prix de revient des céréales produites par lui serait toujours plus élevé que les mercuriales d'aucun des marchés actuels. Ce sont les cultures riches et industrielles, les plantations productives que l'Européen doit entreprendre. Il faut lui donner, pour qu'il réussisse, des terres généralement irrigables. La colonisation européenne devra donc s'étendre principalement dans les vallées, où son travail intelligent décuplera les valeurs actuelles.

Ces vallées, n'en doutons pas, sont fort appréciées par les indigènes, qui savent y trouver les meilleurs pâturages pour leurs nombreux troupeaux. Ils ne les abandonneront pas sans peine; on devra les leur enlever partiellement. Il faudra compenser les dommages de l'abandon par le bénéfice de concessions voisines; il faudra intéresser, s'il est possible, le travailleur indigène à la prospérité des concessions européennes.

En ce qui concerne les divers systèmes de colonisation, je propose de les essayer tous, à l'exception toutefois de celui des pauvres, qui me paraît très-onéreux pour l'État, en raison des dépenses de première mise et de la faiblesse des résultats obtenus. Je crois que le Gouvernement doit s'efforcer d'attirer en Afrique une population productive, soit par la vigueur de ses bras, soit par la puissance de ses capitaux. Le sol est assez fécond, les terres de choix sont assez considérables pour qu'on doive atteindre ce résultat, si le Gouvernement exécute tout d'abord les travaux d'utilité publique, préalables obligés de tout établissement particulier.

Il faut, à mon avis, que les plans et notices concernant les terrains à concéder soient affichés dans les préfectures et sous-préfectures de France; que chaque demandeur puisse recevoir à l'avance tous les renseignements complémentaires sur la province, l'état de sécurité, la statistique commerciale du lieu où il se propose de se fixer.

Il faut, d'ailleurs, rendre les préfets et sous-préfets sérieusement responsables s'ils donnent par complaisance des certificats d'activité à des malheureux qui ne viennent en Afrique que pour vivre aux dépens de l'État et, bientôt après, mourir de misère, quand la maladie les atteints.

Je ne pense pas que le Gouvernement doive faire construire des maisons, ni même accorder des indemnités de matériaux. Je crois qu'il faut, par le mélange des grandes et des petites concessions, assurer au petit propriétaire le secours des prix de journées acquittés par le riche, pendant que la réunion des petits concessionnaires donnera au grand propriétaire le concours des bras qui lui sont indispensables.

En ce qui concerne la population indigène, je propose également de créer la grande et la petite propriété, en raison des aptitudes et des importances des demandeurs.

Les hommes influents par leur intelligence, par leur naissance, ou par leur fortune, devront recevoir de grandes concessions. Cette catégorie conduira longtemps encore l'opinion publique indigène : elle est disposée à nous être favorable. Il convient d'autant plus de la lier successivement à notre cause, qu'elle peut et doit, par ses ressources, donner à l'ensemble de la population arabe l'exemple des transformations que nous désirons obtenir. Il faudra créer les petits propriétaires principalement avec les fellahs, qui déjà sont fixés au sol par des coutumes héréditaires, qui ont dans le lieu qu'ils habitent leurs tombeaux de famille.

Je propose, en outre, d'associer le travailleur indigène

mobile au concessionnaire enropéen, en autorisant ce dernier à faire labourer par des Arabes les parties de sa concession qui ne pourront pas être employées aux cultures industrielles.

Si l'on admet que chaque lot de terre se compose de trente hectares, dont dix propres au travail européen, les vingt autres seront cultivés par deux charrues indigènes, qui rendront net, au concessionnaire, un revenu de cinq cents francs. Ce sera le secours annuel indispensable au petit propriétaire; ce sera pour le grand concessionnaire l'intérêt de son capital engagé.

J'espérerais un avantageux résultat de ce mode d'union qui procurerait par l'indigène la production des céréales à bon marché, et qui, par l'intervention de l'Européen, introduirait incessamment les progrès de culture qu'il importe si vivement de faire adopter dans ce pays.

Quant aux obligations imposées, elles seront les mêmes pour l'indigène et l'Européen : il faudra bâtir, cultiver et planter. Le rôle du Gouvernement se bornerait donc au don de la terre, quant à la colonisation proprement dite; mais, comme accessoire à cette colonisation, il serait indispensable qu'il effectuât opportunément, et il faut même dire préalablement :

1° Tous les travaux de sécurité, s'il s'agit de centres, c'est-à-dire les enceintes;

2° Les travaux de salubrité, c'est-à-dire les desséchements et les conduites d'eau;

3° Les travaux de communication, sans lesquels il est à peu près impossible de créer une colonisation sérieuse.

Si on veut bien remarquer ce que coûte chaque année

l'entretien de l'occupation militaire, on admettra sans peine que les dépenses pour les travaux publics, non-seulement indispensables, mais simplement utiles, seront en Algérie le placement le plus productif des deniers de l'État.

Je désirerais d'ailleurs qu'on fît essai de la colonisation militaire, en plaçant dans chaque bourg routier fermant les polygones de colonisation, cinquante ou soixante soldats ayant encore trois années de service à accomplir, choisis parmi les hommes de bonne volonté, d'une conduite éprouvée, ayant des connaissances agricoles, et désirant rester en Afrique.

Ils seraient entretenus par l'État comme s'ils restaient à leur corps; mais, pour aider à l'établissement des industries dans le bourg, on passerait un marché avec un boucher et un boulanger pour la fourniture de la ration. Ils travailleraient, chacun pour son compte, sous la surveillance d'un officier intelligent qui, tout d'abord, remplirait les fonctions de commissaire civil et de juge de paix.

Le produit de chaque année serait utilisé pour l'année suivante; à l'expiration de la troisième période, le soldat libéré deviendrait propriétaire s'il était marié légitimement.

Je crois cet essai convenable pour apprécier ce qu'on peut attendre de l'armée quant à la colonisation.

Il aurait l'avantage de donner une plus complète sécurité au bourg, et d'y procurer une main-d'œuvre active, intelligente et peu coûteuse.

Les soldats ainsi employés recevraient, par exception, une première mise, à titre de frais de matériaux, de huit cents francs.

EXPOSÉ SOMMAIRE DE LA SITUATION ACTUELLE.

Je crois devoir borner aux simples exposés qui précèdent l'indication des principes qui me paraissent nécessaires pour assurer le progrès successif de la colonisation dans la province.

Jusqu'à ce jour, malheureusement, on y est un peu resté à l'état d'observation et d'étude. Une direction générale n'a pas encore été formulée; elle est évidemment nécessaire, comme préalable de toute application étendue.

Trois banlieues civiles ont été créées: l'une à Bône, l'autre à Philippeville, le troisième à la Calle.

Dans la première, les développements de la colonisation ont été fatalement empêchés par l'insalubrité des plaines qui composent le territoire. On y jouit de la sécurité la plus complète; on y manque de la salubrité. On peut malheureusement affirmer que, sans cette dernière condition, aucun établissement sérieux ne sera entrepris.

J'aurais peine à comprendre qu'on hésitât à donner les crédits nécessaires pour accomplir les projets de canalisation présentés par le service des ponts et chaussées, dans le but d'assainir un territoire qui est incontestablement le plus avantageux pour l'exploitation européenne.

La ville de Bône a prospéré par son commerce, par les considérables récoltes de fourrages qui s'obtiennent pour la plupart sans préalable travail de culture. Le territoire le plus rapproché de la ville dans la partie sud-ouest, qui se relie aux montagnes, est couvert de maisons de campagne dans un rayon de deux mille mètres environ. On a fait dans cette zone des essais de culture intelligents et heureux. Deux ou trois fermes ont été établies dans le fond de la plaine; mais on n'a pas encore formé de véritables entreprises agricoles. Les Européens qui possèdent les terres de la plaine se bornent à les louer à des indigènes. On ne peut les en blâmer, puisqu'ils ne pourraient habiter qu'une faible partie de l'année les établissements qu'ils construiraient sur leurs propriétés.

L'attention publique a été vivement excitée depuis quelques mois par les richesses métallurgiques découvertes dans le massif de l'Edough. Des concessions importantes ont été faites pour l'exploitation de ces mines. Des travaux sérieux ont été commencés par une société concessionnaire.

Ces travaux attireront infailliblement une population active. On doit espérer que les indigènes y donneront leur concours.

Un rapport spécial adressé par le chef de service des eaux et forêts a déterminé les conditions d'aménagement des bois de l'Edough, et fixé approximativement la quantité métrique de combustible qu'ils pourraient produire à l'industrie métallurgique.

Des demandes de concessions de terres ont été et seront de nouveau adressées, sans doute, par les propriétaires des mines pour faciliter leur exploitation.

N'est-ce pas un motif nouveau pour décider le Gouvernement à demander avec insistance les crédits nécessaires à l'assainissement du territoire situé sur la rive gauche de la Seybouse et dans la vaste plaine du lac Fetzara.

Dans la banlieue de Philippeville, des concessions isolées ont été faites successivement; trois villages ont été établis par les soins de l'autorité civile.

L'État a supporté les dépenses d'utilité publique pour chacun de ces villages. Il a donné à chacun des colons la première mise représentant l'indemnité des matériaux à bâtir. L'ensemble de ces avances a dépassé 300,000 francs.

Dans ces villages, les habitants ont, en général, reçu de petites concessions, et, quoiqu'ils profitent de la proximité de la ville, ils ont peu de bien-être. On doit espérer que les riches concessionnaires qui se trouvent près d'eux contribueront, par les sérieux travaux qu'ils entreprennent, à rendre plus actif et satisfaisant le progrès déjà réel qu'on remarque dans le voisinage de Philippeville sur les dix mille hectares de terre privilégiée qui composent cette banlieue.

La presque totalité de ces terres est déjà donnée. Il devient indispensable d'y ajouter une annexe.

A la Calle, il n'a pas été entrepris de colonisation rurale; la richesse de ce port est liée à la pêche du corail. Bientôt, sans doute, l'exploitation des vastes forêts de chênes-liéges qui peuplent tout le cercle, donnera une importance nouvelle à cette localité.

Dans les territoires mixtes, quelques essais de colonisation ont été entrepris; quelques erreurs ont été commises; quelques succès aussi doivent être constatés.

La route de Philippeville à Constantine a été jalonnée d'abord par des postes militaires qui doivent se changer en centres de colonisation.

Le plus considérable est celui d'El-Arrouch, situé favorablement quant à la richesse des terres. On y a trop tard amené l'eau. On y a malheureusemeut essayé la colonisation par les pauvres. L'État a bâti les maisons. Des malheureux sans ressources y ont été installés; quelques-uns sont morts;

presque tous sont embarrassés pour assurer leur existence. Quatre ou cinq colons seulement ont entrepris des cultures réelles et profitables: ce sont ceux qui avaient des ressources en arrivant dans le pays. On compte dans le bourg cent quatre-vingts Européens. Sur ce nombre, les commerçants sont tous dans l'aisance; ils ont construit pour la plupart, à l'aide de leurs bénéfices, des maisons belles et spacieuses. Il est à désirer qu'ils demandent des terres, car l'union des deux industries est bien utile à la prospérité des centres routiers. On doit souhaiter aussi que des concessionnaires riches se présentent, afin de donner une impulsion que la pauvreté paresseuse est impuissante à produire.

Entre El-Arrouch et la banlieue civile de Philippeville, un nouveau village est en cours de création, au confluent de l'Oued-Zerga et du Safsaf. Son territoire se compose de douze cents hectares; l'État fera les dépenses concernant les travaux d'utilité publique.

Les terres sont très-avantageuses: on y rencontre de très-beaux oliviers; cinquante lots de dix hectares y sont préparés; quatre grandes concessions de cent cinquante à deux cents hectares sont réservées.

Entre El-Arrouch et Constantine, le camp de Smendou, qui, jusqu'à ce jour, n'a été qu'une simple station militaire, avec l'annexe de deux ou trois auberges, recevra, à l'aide des crédits accordés pour 1846, une extension suffisante pour contenir trente-huit lots urbains. Un territoire de sept cents hectares lui est attribué. Une partie des terres peuvent être arrosées.

Déjà quelques demandes ont été produites pour établir et entretenir des relais de diligence et de roulage.

Entre ce dernier camp et Constantine, on propose de créer un village sur l'Oued-el-Hadjar.

Il comprendra cinquante lots urbains et douze cents hectares de territoire.

A Constantine, on n'a pas encore entrepris une colonisation développée. On a fait des concessions de jardins dans le territoire du Hamma, et sur la rive droite du Rummel, en se rapprochant de la ville. Un village a été créé à Sidi-Mabrouk; quelques concessions particulières ont été accordées près du confluent du Bou-Merzoug et du Rummel; huit cents hectares de terre viennent d'être donnés dans la petite vallée de l'Ouad-Iacoub, à huit kilomètres de Constantine.

Tous ces essais sont secondaires; ils ont cependant été progressifs depuis 1844. Le moment semble venu de les développer largement.

Tout d'abord, un projet de banlieue civile est à l'étude. Il comprendra une surface moyenne de huit kilomètres de rayon autour des murs de la ville, dans l'intérieur de laquelle seulement l'autorité civile avait jusqu'à ce jour exercé.

Entre Constantine et Bône, le camp primitif de Guelma a pris le nom de ville par arrêté du 20 juin 1845. Cette ville doit contenir deux cent cinquante lots urbains; un territoire de dix-neuf cent cinquante-six hectares lui a été assigné.

Les commerçants européens ont achevé plusieurs constructions importantes. Des colons allemands et français ont également bâti, avec l'aide des indemnités de matériaux et de la main-d'œuvre militaire, des maisons commodes et solides. Tout porte à croire que la prospérité sera bien assurée dans la colonie de Guelma, si la récolte de 1847 est favorable. Des demandes de concessions étendues ont été faites pour la vallée de l'Oued-Berda, à six kilomètres de Guelma, sur la route de Bône. Des industries importantes doivent s'y établir.

Une pépinière créée par l'autorité militaire contient cent vingt mille pieds d'arbres de choix. Elle n'a coûté que la construction du mur d'enceinte et de la maison, encore inachevée.

Les résultats heureux déjà obtenus, ceux que l'avenir fait espérer, sont et seront dus sans doute à l'avantageuse situation de cette ville; mais principalement, au moins dans leur début, à l'active intelligence, à la sollicitude éclairée du commandant supérieur de cette localité. Il faudra les attribuer aussi à ce que les émigrations *allemandes*, qui forment la majorité des colons de Guelma, ont été plus laborieuses, plus morales, plus disposées à s'aider les unes les autres, que les pauvres français expédiés des différents départements sur le bourg d'El-Arrouch.

Au camp de Sétif, la population européenne ne s'est point occupée de travaux agricoles. On a, prématurément je crois, accordé quelques concessions à trois kilomètres du camp, au point appelé Aïn-Sfia.

Tant que la communication de Sétif à la mer devra subir le détour de Constantine, on ne doit évidemment pas songer à réunir à une aussi grande distance d'autres Européens que ceux qui y seront attirés par le commerce des échanges et par celui de consommation nécessaire aux troupes.

Ces industries ont déjà créé une population de six cent

seize Européens et cent soixante et seize israélites ou musulmans. Les maisons construites sont au nombre de cent dix-neuf, représentant une valeur de 900,000 francs. *C'est en réalité une petite ville, dont l'existence doit être sanctionnée par ordonnance royale.* Il est indispensable d'y concéder définitivement des lots urbains et de jardinage.

La troupe possède de très-beaux jardins, qu'elle a seule créés, et où se remarquent de belles plantations. On doit à l'autorité militaire une pépinière, qui, dès à présent, peut fournir par année plusieurs milliers de jeunes plants d'arbres fruitiers et producteurs.

Un résultat analogue se prépare à Batna, avec moins de développement sans doute, parce que l'effectif des troupes entretenu sur ce point est moins élevé que celui existant à Sétif, et que notre occupation est plus récente. Il convient de remarquer aussi que le commerce européen à Sétif a profité, dès le premier jour, du grand marché indigène qui réunit, le dimanche de chaque semaine, depuis un temps immémorial, plusieurs milliers d'Arabes et de Kabyles. A Batna, l'insoumission des montagnards de l'Aurès, sous le gouvernement turc, a nécessairement rompu les anciennes relations commerciales que nous essayons d'y rétablir.

Quoi qu'il en soit, il existe à Batna cent quarante Européens et vingt-six israélites ou musulmans; des maisons se construisent chaque jour; deux moulins sont établis. Le village doit être classé, et les concessions de lots urbains et de jardins légalement déterminées.

Quant à Biscara, c'est un poste de commerce. Un comptoir doit s'y établir successivement pour assurer l'échange des produits de nos manufactures contre les denrées de l'intérieur de l'Afrique. La culture y existe déjà par le travail de la population des oasis.

DÉTAIL DU PROJET.

Afin de rendre plus facilement intelligibles les considérations et l'exposé qui précèdent, ainsi que les détails particuliers du projet présenté pour l'année 1847, j'ai cru utile de faire établir une carte d'ensemble comprenant la totalité du territoire sur lequel les entreprises de colonisation doivent être, à mon avis, quant à présent, limitées.

Des teintes conventionnelles indiquent :

1° Le territoire des banlieues civiles existantes (la banlieue civile de Constantine étant déterminée, et devant être au premier jour classée, a été considérée comme existante);

2° Les zones de colonisation déjà exploitées autour des centres des territoires mixtes;

3° Les terrains à affecter à la colonisation en 1847;

4° Les portions des routes achevées ;

5° Celles en projet;

6° Celles suivies provisoirement, en attendant les tracés définitifs.

Le projet pour 1847 doit comprendre, dans le cercle de Constantine, comme travaux généraux :

1° L'étude des bassins du Rummel et du Bou-Merzoug, à l'effet de savoir quels avantages on pourrait retirer de l'intelligent usage des eaux, dont la plus grande partie est aujourd'hui inutilisée sous le rapport des cultures.

Des aperçus préalables donnent de très-grandes espérances, particulièrement en ce qui concerne la vallée du Bou-Merzoug. Aucune dépense ne saurait être mieux justifiée que celles relatives à l'établissement et à l'exécution de ces projets hydrographiques.

2° Le tracé et la construction des routes entre Constantine et Sétif, entre Constantine et Batna. Les routes provisoires suivies actuellement par le roulage dans ces deux directions ont été déterminées par la configuration du terrain, de manière à le traverser sans entreprendre des travaux pour lesquels il n'existait pas de crédits. Il est indispensable d'accorder en 1847 les fonds nécessaires pour rendre carrossables, au moins sur une étendue de 30 à 40 kilomètres, les tracés nouveaux qui suivront les vallées du Bou-Merzoug et du Rummel.

Dans la subdivision de Bône, les travaux les plus urgents sont :

1° L'achèvement de la route de Bône à Guelma. L'entretien du tracé provisoire actuel est bien plus onéreux pour l'État, par l'usure des moyens militaires et l'augmentation du prix des transports civils, que ne le serait l'allocation immédiate des sommes nécessaires à l'exécution complète. Cette observation pour les travaux de routes s'applique invariablement à toutes les directions provisoires qui relient les places de l'intérieur à celles de la côte;

2° L'exécution des travaux de canalisation proposés pour assainir la rive gauche de la Seybouse, la vallée des Karésas et la plaine du lac Fetzara. Ces travaux consistent dans l'établissement de deux canaux : le premier, dans la partie la plus basse de la plaine, ayant pour but de déverser les eaux du lac Fetzara, considéré comme un point de partage, à l'est dans la Seybouse, et à l'ouest dans l'Ouad-Radjetas. Le tracé de ce canal serait évidemment déterminé de manière à entraîner, par des tranchées secondaires, les eaux pluviales de la plaine qui ne seraient pas absorbées.

Le deuxième canal, dit de ceinture, serait construit de manière à écouler dans le lac ou dans la Seybouse les eaux pluviales venant des montagnes du sud.

Le lac Fetzara ayant deux déversoirs assurés, serait nécessairement maintenu à une hauteur à peu près fixe, déterminée par la puissance des sources inférieures qui l'alimentent. Les terrains qui le bordent aujourd'hui, et qui, successivement couverts d'eau et desséchés, produisent des émanations délétères, seraient livrés à la culture, au grand profit des concessionnaires.

On a demandé deux millions pour entreprendre ce travail de canalisation. Cette demande est considérable, sans doute. Elle sera jugée parfaitement économique si l'on veut bien remarquer que son emploi aura pour résultat de donner à une culture féconde une surface de cinquante lieues carrées, qui formeraient la productive banlieue d'un port commerçant, et se lieraient d'ailleurs à un massif riche d'avenir par les nombreux minerais qu'il possède.

Les deux canaux inférieurs ci-dessus indiqués doivent, d'après le projet, être navigables, ainsi que la partie basse des rivières en aval des points de jonction.

3° Il sera utile aussi d'accorder les fonds nécessaires pour établir une route constamment carrossable entre Bône et le point nommé Aïn-Morka, situé à l'extrémité nord-ouest du lac Fetzara, au centre des concessions de mines. Cette route se complétera plus tard en atteignant l'Ouad-Radjetas, et de là, passant dans la vallée du Fendek, où elle se bifurquera pour rejoindre, d'une part, Philippeville, et, de l'autre, El-Arrouch. Des crédits peu considérables suffiront, en 1847, pour rendre simplement praticable aux voitures cette deuxième partie.

L'indication des travaux qui précèdent me paraît déterminer, quant à la colonisation, la première urgence des projets à exécuter. Elle comprend les créations indispensables pour toute installation européenne dans chacune des zones de territoire à concéder.

Leur estimation particulière est indiquée sommairement sur le tableau ci-joint, qui reproduit aussi, pour chacun des villages à créer, le détail sommaire des dépenses à imputer au Trésor.

D'après les propositions pour 1847, on pourra disposer en faveur des Européens :

1° Dans la banlieue civile de Constantine, environ.. 1,200[h]
de qualité supérieure. Dans ce total sont comprises les quatre fermes régimentaires situées sur la rive gauche du Rummel, au-dessus du confluent du Bou-Merzoug. Ce sont des établissements importants, qui me semblent ne devoir être aliénés que par voie d'adjudication, précédée de convenables délais.

Les jardins militaires, placés au confluent du Bou-Merzoug et du Rummel, seront, sans nul doute, également très-recherchés, eu égard à la

REPORT............... 1,200^k

fertilité du sol, et aux plantations que les troupes y ont déjà créées.

Il existe dans cette banlieue un grand nombre de terrains *melks*, propriétés particulières des indigènes de la ville. Ces terres, en totalité, constituent des biens de famille anciens; elles ont été bien cultivées. On trouve, sur la plupart, des jardins en bon rapport.

Il me paraît indubitable que, si les transactions sont laissées libres dans la banlieue civile la plus grande partie de ces terres *melks* seront bientôt acquises par les Européens, qui comprendront mieux que les propriétaires actuels la valeur que doivent successivement acquérir ces divers terrains.

Il serait donc nécessaire qu'en ayant égard aux considérations qui ont engagé à rendre l'ordonnance du 9 juin 1844, on étendît son application au territoire rural de Constantine.

Cette exception nouvelle contrariera quelques intérêts européens. Je la crois indispensable pour lier à Constantine les intérêts indigènes. Il me paraît rationnel d'admettre cette utilité, quand nous cherchons à obtenir par des concessions nouvelles, la fixité de la famille musulmane sur les différents points de la province.

2° A l'Oued-Atteménia, sur le Rummel...... 2,000

A REPORTER............ 3,200^k

Report.................... 3,200[h]

de terre. C'est sur ce point que je propose de placer le bourg limite, premier gîte d'étape sur la route de Sétif.

Le territoire de ce bourg se composera, par moitié à peu près, de terres *arches* et de terres domaniales. On dédommagera la petite tribu située sur la terre *arche*, en lui donnant en échange, dans le voisinage, une surface égale de terre domaniale.

Ce bourg comprendra *cent* familles environ. Les petits et grands concessionnaires y seront admis concurremment. Je propose d'y placer vingt ou trente militaires.

Indépendamment des avantages remarquables du sol et du grand mouvement qui existe entre Constantine et Sétif, ce bourg profitera, d'ailleurs, du marché annuel des nomades, qui est en activité pendant quarante jours, à partir du 1er septembre. Il s'y fait des affaires pour près de deux cent mille francs: partie quelconque de cette somme sera, sans nul doute, acquise aux magasins du bourg.

Ce grand marché se tient d'habitude sur le territoire même désigné pour la colonisation. On assignera, pour l'avenir, un espace suffisant à l'ouest du territoire actuel, afin d'éviter les dommages que l'affluence considérable des animaux cause-

A reporter............. 3,200[h]

REPORT................ 3,200^h

rait infailliblement aux concessions européennes.

Le marché de la tribu des Saraouia se tient en outre, deux fois par semaine, à deux kilomètres de ce bourg.

Les concessions indigènes, proposées en même temps que la création du centre européen, comprendront cinq cents hectares de terres voisines.

3° Sur la route de Constantine à Batna, à l'entrée de la plaine des Smouls, au point nommé Aïn-el-Hadada......................... 2,000 de terre. Ce point a été choisi d'après la nécessité de diviser en trois journées le trajet entre Batna et Constantine. On est obligé de subir l'embarras d'un territoire sans eau situé au sud. La deuxième station est, dès lors, forcément déterminée; elle entraîne comme conséquence le gîte d'El-Hadada.

La route actuelle de Batna traverse les plateaux sur la rive gauche du Bou-Merzoug. Les pentes y sont roides; le projet étudié par la commission mixte doit remonter la vallée du Bou-Merzoug. Le développement de cette route nouvelle entre El-Haddada et Constantine sera de quarante-sept kilomètres; mais on y trouve l'avantage de desservir toute la vallée, et de n'avoir qu'une seule pente de quelques centaines de mètres de longueur. Toutefois, les voitures chargées ne parcourront passans peine les quarante-sept kilomètres en un

REPORT............... $5,200^h$

jour. L'inconvénient de cette distance sera évité à l'aide d'une halte à quelques kilomètres de la ville. La plupart des entrepreneurs de roulage préfèrent, dès à présent, partir après avoir fait leur chargement, et couchent à peu de distance de Constantine.

Le bourg placé à Aïn-el-Hadada se composera aussi de cent familles, avec concours de grands et petits concessionnaires. Je propose d'y établir trente ou quarante militaires.

Quelques travaux seront nécessaires pour dessécher un marais formé par l'Ouad-Felguia et l'Ouad-Mélila. La dépense ne sera pas considérable; elle aura pour résultat de donner à la culture des terres d'une admirable fertilité et de complétement assainir les environs.

Le territoire réservé pour Aïn-el-Hadada se compose en entier de terres *arches*. La population pourra être déplacée sans peine, si l'on donne à quelques hommes de choix six cents hectares de concessions sur les terres voisines.

4° Au nord-est du territoire d'Aïn-el-Hadada se trouvent les sources du Bou-Merzoug. La vallée tout entière, jusqu'à la limite de la banlieue de Constantine, sera rendue disponible. Elle donnera à la colonisation européenne............... 15,000 situés sur les deux rives, et principalement sur la rive gauche.

REPORT................... 20,200^h

La commission consultative de Constantine adressera à la fin de décembre à Alger un projet d'allotissement dans cette vallée. Les premières études démontrent qu'il sera très-facile de détourner le cours de la rivière, pour rendre irrigable une plus grande surface de terrain.

Cette magnifique vallée est d'une fertilité remarquable; toutes les entreprises de colonisation doivent y réussir parfaitement.

La presque totalité des terres sont domaniales. Elles ont été toujours recherchées en raison de leur fécondité.

On propose, pour faciliter le déplacement des indigènes qui en profitent, de leur concéder deux mille hectares dans le voisinage de la vallée.

5° Sur la route de Milah, à douze kilomètres de Constantine, au point nommé Ouldjit-el-Cadi, sur le Bas-Rummel........................ 1,500 de terres. Le village placé sur ce point devrait être essentiellement agricole; il profiterait peu par le commerce, car les relations de ce genre avec la ville de Milah sont encore très-peu étendues. Il a paru utile de créer ce centre, malgré l'obligation qu'il faudra subir d'un travail de conduite d'eau, afin de donner une plus complète sécurité à la banlieue de Constantine dans cette direction.

A REPORTER .... 21,700^h

REPORT 21,700ʰ

Le terrain appartient principalement au domaine, et l'échange des fractions sera facile.

Je propose d'y placer quarante ou cinquante militaires, et de donner quatre cents hectares de concessions aux indigènes.

6° Sur la route de Guelma à Bône, à moitié distance entre ces deux villes, au milieu de la tribu des Oulad-Bou-Azis, parfaitement tranquille et soumise, on propose d'affecter.   950
pour former le territoire d'un village routier. La terre est *arche,* mais on la rendra facilement disponible, parce que la tribu des Oulad-Bou-Azis est peu nombreuse proportionnellement à la surface qu'elle occupe. Il conviendra toutefois de donner dans le voisinage du territoire réservé trois cents hectares de concession au profit des indigènes.

Le lieu choisi est le confluent de l'Ouad-Moya avec l'Ouad-Bou-Enfra. On y trouve du bois en abondance et de beaux groupes d'oliviers. La position est saine. Une auberge existe déjà sur ce point.

7° Au point nommé Aïn-Morkha, nord-ouest du lac Fetzara.   500
seront affectés à l'établissement d'un village agricole et industriel. Des demandes ont déjà été faites pour obtenir des concessions sur ce point,

REPORT . . . . 23,150^k

malgré les chances d'insalubrité causée par les marécages du lac. Ce village prospérerait infailliblement si les travaux de desséchement étaient exécutés. Il est à craindre que, jusqu'à cette époque, la population ne souffre annuellement des fièvres endémiques. La terre est *arche* en partie. On propose d'accorder, dans le voisinage, cent cinquante hectares de concessions aux indigènes.

8° En prolongeant la route d'Aïn-Morkha jusqu'à l'Ouad-Radjetas, et de là jusqu'à la vallée du Fendek, on arrive sur un territoire où se rencontrent les ruines d'un établissement romain. Il est riche par la quantité des eaux et par la végétation ; tout annonce que la localité est saine. On peut y choisir 2,000

de terres *arches*. Les Arabes qui occupent ce terrain l'évacueront sans peine, à la condition qu'on accorde à deux ou trois d'entre eux un ensemble de deux cent cinquante hectares de concessions voisines. Cent familles pourront être placées dans le village. On propose de comprendre dans cet ensemble quarante militaires, qui ajouteront à la sécurité de la population européenne.

Ce bourg du Fendek profitera peu d'abord par le commerce ; il devra être principalement agricole. Sa proximité de Philippeville donnera toute-

REPORT 25,150ʰ

fois aux habitants des facilités assez grandes pour l'écoulement de leurs produits. Sa création garantira, d'ailleurs, la sécurité des concessions européennes dans la basse vallée du Safsaf.

Une route carrossable devra joindre ce bourg avec Philippeville par la vallée de l'Ouad-Goudy, avec le bourg d'El-Arrouch, soit par la vallée de l'Ouad-Addaratz, soit directement, en traversant une suite de mamelons peu accidentés.

Il ne paraît pas douteux que la plaine du Fendek et celle de l'Ouad-Radjetas ne soient successivement occupées par la population européenne, en raison des avantages de fertilité et de voisinage de la côte qui s'y trouvent réunis.

9° On propose pour la vallée du Safsaf de rendre disponibles. . . . . 12,000 de terre, tant sur la rive gauche que sur la rive droite, à la condition de cantonner quatre cents tentes de choix des Béni-Méhenna sur huit mille hectares de la rive droite, d'exempter ces indigènes du payement du *hokor*, et d'accorder dans la vallée même, près de l'Ouad-Zerga, trois cents hectares de concessions à leurs chefs principaux. Le reste de la population indigène, formant trois cent cinquante tentes environ, serait déplacé et recevrait des terres dans l'ouest du bourg d'El-Arrouch. Des mesures seront prises pour que le chan-

A REPORTER 37,150ʰ

gement puisse s'effectuer sans causer un trop vif froissement. Toutefois, dans le but de mieux garantir encore la population enropéenne établie dans la vallée du Safsaf, on croit devoir proposer d'occuper sur l'Ouad-Guebli, direction ouest d'El-Arrouch, un poste qui n'exigerait pas une augmentation d'effectif armé, en ce sens que la garnison d'El-Arrouch pourrait y être transportée.

Ce projet est à l'étude.

$$\text{Total} \ldots \ldots \ldots 37,10^h$$

Tel est, Monsieur le Maréchal, l'ensemble des propositions que je crois devoir vous soumettre. Le système se complétera ultérieurement par l'établissement d'un bourg sur la route de Guelma. Cette direction n'est point encore étudiée, et d'ailleurs les relations entre Guelma et Constantine sont aujourd'hui bien peu considérables.

Je désire que ce rapport puisse mériter votre approbation. Je le résume en peu de mots.

Je crois le moment venu de donner à la population européenne de larges facilités pour s'établir dans la province. Cette population est indispensable pour fixer notre domination, pour réduire successivement les charges de l'occupation militaire.

J'ai la ferme conviction que la race indigène, qui depuis neuf années est restée constamment soumise à notre autorité, acceptera sans révolte l'introduction des Européens sur le sol, à la condition que nous nous montrions équitables, en admettant l'indigène au partage des bénéfices que les concessions doivent garantir.

Je crois, avec une égale conviction, que si nous faisons appel à la violence et à la force pour refouler les indigènes, nous rencontrerons une résistance qui se traduira d'abord par des assassinats, et finira bientôt par une révolte générale.

Je ne comprendrais pas qu'on pût adopter un système qui aurait pour conséquence inévitable de remplacer la paix actuelle par une guerre incessante, qui serait également incompatible à nos propres intérêts et aux généreuses sanctions de la politique française.

Je crois à la possibilité de l'association des intérêts européens et indigènes : le premier prospérant par la supériorité de son industrie; le second bénéficiant par le prix de revient économique de ses productions perfectionnées.

Je pense que la colonisation doit avoir sa base à la mer, et s'étendre successivement aux places de l'intérieur.

Je propose de limiter la zone de colonisation par des bourgs fortement constitués, servant à relier les villes principales, en donnant la facilité de défendre avec succès les intérêts européens en cas de révolte, et garantissant la soumission des tribus enclavées.

Je réclame les crédits nécessaires pour l'accomplissement, aux frais de l'État, de tous les travaux de sécurité, de salubrité et de communication, que je considère comme les préalables obligés de toute colonisation sérieuse. Je pense que, s'il est satisfait à cette réclamation, il doit devenir inutile, sauf des cas exceptionnels, d'accorder habituellement les secours donnés jusqu'à présent aux colons ; et je fonde cette manière de voir sur la conviction que ce n'est point par les pauvres que nous parviendrons à créer la société européenne en Algérie. J'ai la persuasion que le sol y présente d'assez grands avantages pour tenter une population active par ses bras et par ses capitaux, dès le jour où les projets bien arrêtés du Gouvernement auront propagé une confiance indispensable.

Je suis avec respect,

Monsieur le Maréchal,

Votre très-humble et très-obéissant serviteur,

Le Lieutenant Général commandant la province de Constantine,

A. BEDEAU.

—

DEVIS

DES DÉPENSES PROJETÉES.

———

INDICATION SOMMAIRE DES CRÉDITS INDISPENSABLES
POUR L'EXERCICE 1847,
D'APRÈS LE PROJET DE COLONISATION PRÉSENTÉ.

———

ROUTES.

PREMIÈRE URGENCE.

1° Achèvement de la route de Bône à Guelma, y compris les rectifications adoptées . . . . 3oo,ooo^f

2° Fraction de la route de Constantine à Sétif, jusqu'au point appelé El-Athménia, première étape ; longueur trente-cinq mille mètres, en suivant la vallée du Rummel. Elle n'est pas encore tracée ; la dépense 21o,ooo

A REPORTER . . . . 51o,ooo^f

REPORT 510,000ᶠ

est calculée à raison de six francs par mètre courant.

3° Fraction de la route de Constantine à Batna, jusqu'au point appelé Aïn-el Hadada, première étape. Longueur, quarante-sept mille mètres, en suivant la vallée du Bou-Merzoug. Elle est seulement tracée. La dépense est calculée à raison de six francs par mètre   282,000

4° La route de Bône à Aïn-Murkha. Longueur, trente mille mètres. Elle est achevée à un tiers de Bône. Il reste à construire vingt mille mètres, à six francs par unité   120,000

5° Achèvement de la route de Philippeville à El-Arrouch par la vallée du Safsaf . . .   200,000

TOTAL   1,112,000

DEUXIÈME URGENCE.

Travaux préparatoires pour faciliter les communications entre Milah et Constantine, entre Aïn-Morkha, le Fondek, Philippeville et El-Arrouch. (Ces travaux consisteront en déblais peu considérables et construction de ponts provisoires sur la direction déterminée des routes définitives.)   50,000

TOTAL pour les routes   1,162,000

Tous les projets peuvent être étudiés dans le courant du premier trimestre 1847. Les travaux seront exécutés par des ouvriers militaires, et la situation des affaires politiques permettra très-probablement de fournir un effectif assez considérable pour terminer l'ensemble avant le 1er janvier 1848.

DESSÉCHEMENTS ET TRAVAUX D'IRRIGATION.

PREMIÈRE URGENCE.

1° Desséchement de la plaine de Bône entre la Seybouse, à l'est, et l'Ouad-Radjitas, à l'ouest. Projet préparé et fourni par l'ingénieur des ponts et chaussées...... 2,000,000^f

Ce travail, calculé d'après l'emploi d'ouvriers civils, devrait être accompli sans le secours de l'armée, déjà occupée par le travail des routes.

On pourrait probablement décider un assez grand nombre d'indigènes à concourir à ces travaux, et d'ailleurs l'année, difficile pour les populations d'Europe, faciliterait sans doute l'émigration d'un grand nombre de terrassiers, qui, après avoir réalisé quelques économies par ce travail, se décideraient partiellement à rester en Algérie.

2° Étude des bassins du Rummel, du Bou-Merzoug et du Hamma au point de vue hydrographique. Travaux d'irrigation dans les trois vallées par estimation approximative et pour des conduits principaux............ 200,000

Travail accompli par des ouvriers militaires.

TOTAL.............. 2,200,000

TRAVAUX D'UTILITÉ PUBLIQUE DANS LES BOURGS OU VILLAGES PROJETÉS.

On a supposé que chaque village ou bourg aurait une enceinte en maçonnerie ; que les lots intérieurs, dits urbains, auraient une surface de mille à quatorze cents mètres carrés, d'après les bases adoptées pour les villages de la province d'Alger. La dépense moyenne par bourg, pour cette partie du travail, a été estimée à 45,000ᶠ

Elle serait réduite à moitié si l'on se bornait à donner à chaque lot urbain une surface de huit à neuf cents mètres carrés.

Les dépenses pour nivellements et empierrements sont estimées à 16,000
réductibles également de moitié si les lots sont eux-mêmes réduits.

Les dépenses pour travaux de fontaines et lavoirs sont, en moyenne, estimées à 5,000

TOTAL 66,000

La dépense, devant s'appliquer à six villages ou bourgs en 1847, s'élèverait par suite à 396,000

Il convient d'ajouter :

1º Le travail spécial de desséchement à El-Hadada 20,000

2º La conduite d'eau à Ouldjit-el-Kadi 25,000

TOTAL pour les villages 441,000

Avec la main-d'œuvre militaire :

A REPORTER 441,000ᶠ

REPORT................ 441,000[f]

Pour cent quarante militaires recevant une
prime de 800 francs chacun............... 112,000

TOTAL............. 553,000

Il est d'ailleurs entendu qu'on n'entreprendra aucun travail
avant que des demandes de concessions aient été produites.
Il faut toutefois excepter le desséchement du marais d'El-
Hadada, qui devrait être commencé sans retard, et dont
l'utilité ne peut être contestée.

*Le Lieutenant Général commandant la province
de Constantine,*

A. BEDEAU.

www.ingramcontent.com/pod-product-compliance
Lightning Source LLC
Chambersburg PA
CBHW062214270326
41930CB00009B/1733